JN262438

経済学入門コース
経済の不思議に答える

名和隆央 著

緑風出版

まえがき

　経済は少し考えてみると、不思議なことに満ちていないだろうか。市場経済では誰でも自分のことを中心に考え、自分の利益で商品を買ったり売ったりしているのに、社会的には需給が調整され、みんなが生活できるようになっている。どのような仕組みで、そのようなことが成り立つのであろうか。貨幣は金貨であれ紙幣であれ、それ自体はものであるのに価値が認められ、交換手段や価値保存のために用いられている。なぜ人間は貨幣に特別の価値を認めているのだろうか。個々の取引では平均すると等価交換が行なわれているのに、企業は市場取引をとおして金儲けをしている。どうして人々は等価交換をしながら、金儲けが可能になっているのであろうか。経済が成長すると雇用は増えるはずなのだが、失業の増大がたえず問題になっている。本来は経済成長とともに失業は減少するはずなのに、現実にはそのようになっていない。また資本が増大すると、どの産業でも利潤が減少してしまう傾向が生じる。それゆえ経済成長は順調に進むとはいえず、繰り返し深刻な不況に襲われることになる。こうした経済の不況は、お金が十分に循環しないから生じるように見える。もしそうであれば、お金をどんどん供給すれば不況は改善に向かうはずであるが、それによってインフレが進んだとしても景気がよくなるというわけでもない。さらに日本経済は競争力があって貿易黒字が増大しているのに、経済不況が十年も続いている。ところが他方、アメリカは経常収支が赤字で財政も赤字という「双子の赤字」であるのに好景気が持続している。こうしたことは論理的に考えようとすれば、本当に不思議な現象ではないだろうか。
　この本では、このような経済現象に含まれるさまざまな不思議さ

をテーマにすえて、経済学の基本を分かりやすく説明している。各章はそれぞれの不思議さをテーマとして、それにどう答えるかという形で話を進めている。読者は自分ならどう答えるだろうか、と考えながら各章を読んでもらいたい。これが本書の展開の仕方のひとつの特徴である。それともうひとつの特徴は、基礎的なことがらについては図表による説明を付けたことである。図表だけを順番に見ていっても、最低限の経済学の知識がえられるように工夫している。もちろん本文の説明と対照しながら読めば、より理解が深まるはずである。この二つの点が従来のテキストにはない、本書での新しい試みである。このような問題の切り口によって、難しいといわれる経済学も身近なものとして近づけるのではないだろうか。

　本書のもとになったのは、私が経済学の授業で使用していた講義ノートである。毎年、何度も書き直しているうちに分量が増えてしまい、毎回レジュメとして配布するのがたいへんになってしまった。また図表を板書して説明しても、学生からはなかなか見づらく十分に理解してもらうのが難しかった。そこで、テキストとして出版しようというのが本書のきっかけである。出版社は科学ジャーナリストの天笠啓祐氏に紹介していただいた。緑風出版社長の高須次郎氏には、出版状況の厳しいなか無理をお願いして出版を引き受けていただいた。両氏にはたいへん感謝している。

　最後に私事であるが、九州の福岡市でまだ健在にしている私の両親に、この小著を贈りたいと思う。両親の支えがなければ、ここまで経済学の研究を続けることができなかったからである。

2004年1月　川越にて

目　次

まえがき　　　*3*

Ⅰ　市場経済の社会 ─────────── *11*

第1章　日本経済の現状をどう見るか　*12*
　90年代日本の長期不況　*12*
　経済不況の長期化要因　*13*
　新自由主義的経済政策　*15*

第2章　経済は何から成り立つのか　*18*
　生産とは何か　*18*
　人間労働の二面性　*19*
　労働の生産力と生産関係　*22*
　経済調整の二つの原理　*23*

第3章　市場経済とはどのような仕組みか　*24*
　私的所有と市場の発生　*24*
　商品交換を規制する基準　*26*
　使用価値と交換価値との区別　*28*

第4章　需要供給の法則に任せて大丈夫か　*31*
　需要供給の法則とは何か　*31*
　商品価値は何で決まるのか　*34*
　需要供給の法則と市場の不安定性　*35*

第5章　お金の持っている不思議な力　*39*
　商品交換の困難と貨幣の発生　*39*

価値を表示し商品を流通させる機能　　　　　　　*41*
　　価値を保存し債務を決済する機能　　　　　　　　*42*

Ⅱ　資本主義システム ——————— *45*

第6章　等価交換なのにお金が儲かる　　　　　*46*
　前近代的資本と価値差額　　　　　　　　　　　　*46*
　賃労働者の形成と資本主義システム　　　　　　　*47*
　剰余価値はどこから生まれるのか　　　　　　　　*48*
　可変資本と不変資本との区別　　　　　　　　　　*50*

第7章　市場経済なのに企業組織が拡大する　　*52*
　取引コストと企業組織　　　　　　　　　　　　　*52*
　チーム生産と情報コストの節約　　　　　　　　　*54*
　契約説的企業論への批判　　　　　　　　　　　　*57*

第8章　なぜ物質的豊かさを追求するのか　　　*59*
　剰余価値を増大させる方法　　　　　　　　　　　*60*
　生産システムの歴史的段階　　　　　　　　　　　*62*

第9章　どうして耐久消費財が普及するのか　　*66*
　大量生産とフォードシステム　　　　　　　　　　*66*
　多品種少量生産とトヨタシステム　　　　　　　　*70*

第10章　給与はどうやって計算されるのか　　　*73*
　賃銀は何で決まるのか　　　　　　　　　　　　　*73*
　賃銀形態の歴史的展開　　　　　　　　　　　　　*74*

第11章　経済が成長しても失業が増える　　　　　　　　　80
　　厳しい雇用環境　　　　　　　　　　　　　　　　　80
　　失業問題のとらえ方　　　　　　　　　　　　　　　81
　　資本構成というとらえ方　　　　　　　　　　　　　82
　　有機的構成の高度化と失業の増大　　　　　　　　　84

Ⅲ　資本主義的競争と所得分配 ──────── 87

第12章　競争しているのに均衡価格が成立する　　　　　88
　　利潤率とは何か　　　　　　　　　　　　　　　　　88
　　部門間競争と均衡価格　　　　　　　　　　　　　　89
　　部門内競争と市場価値　　　　　　　　　　　　　　92

第13章　資本が増えると利潤が減る　　　　　　　　　　95
　　資本利潤率の傾向的低下　　　　　　　　　　　　　96
　　反対に作用する諸要因　　　　　　　　　　　　　　97
　　損益分岐点売上高比率　　　　　　　　　　　　　　98

第14章　商人は安く買って高く売る　　　　　　　　　102
　　商人の役割とは何か　　　　　　　　　　　　　　102
　　商業資本の自立化の根拠　　　　　　　　　　　　103
　　なぜ安く買って高く売れるのか　　　　　　　　　105
　　商業マージンと流通費用　　　　　　　　　　　　106

第15章　銀行はどこまでお金を貸せるのか　　　　　　108
　　利子と企業者利得　　　　　　　　　　　　　　　108
　　商業信用の役割　　　　　　　　　　　　　　　　111

銀行信用の役割　　　　　　　　　　　　　　　111
　　株式会社の成立　　　　　　　　　　　　　　114

第16章　国民所得はどのように使われるのか　　115
　　国民所得とは何か　　　　　　　　　　　　　115
　　消費財部門と生産財部門との連関　　　　　　116
　　投資・貯蓄による所得決定理論　　　　　　　118
　　国民所得の成長率　　　　　　　　　　　　　121
　　日本経済のマクロ的不均衡　　　　　　　　　122

第17章　デフレ不況をどう克服するか　　　　124
　　拡大再生産の社会的条件　　　　　　　　　　124
　　景気変動の基本的要因　　　　　　　　　　　126
　　貿易黒字とドル債権の累積　　　　　　　　　128
　　デフレを克服する構造転換　　　　　　　　　130

経済学を学ぶ参考文献　　　　　　　　　　　　　132
基本用語の解説　　　　　　　　　　　　　　　　134

# I

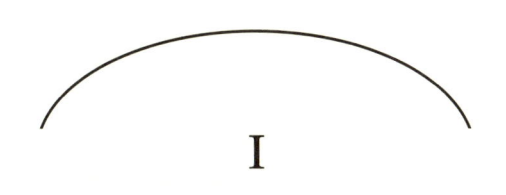

市場経済の社会

第1章

日本経済の現状をどう見るか

　はじめに経済学の観点から、日本経済の現状がどのように見えてくるかを説明しよう。1980年代には日本企業や産業の強さが主要テーマとなるほど、日本の経済システムが注目されたが、90年代に入るとバブルがはじけて、日本経済の不振が長期化し国際的に問題視されるにいたった。日本経済は内需の不振を輸出の拡大で補い、対外不均衡を増大させている。それが円高ドル安をもたらしているが、ドル価値の不安定は国際的な通商を妨げる要因になるのである。世界経済の成長のために、日本経済の立ち直りが期待されている状況にあるといえる。

　そこでこの章では、日本の経済不況がなぜ長期化したのか、その要因とそれにたいする対策について考えてみよう。

90年代日本の長期不況

　バブル期には、プラザ合意[注1]以降の内需拡大策に後押しされて、低金利政策がとられ企業の資金調達が容易になった。企業はそれまでの銀行をとおした間接金融から株式・社債などの発行による直接金融で安価な資金を調達したのである。この資金は一方は設備投資に向かい日本企業の生産能力を高めたが、余剰資金は土地や株式の投機に向かいバブルを生み出していった。バブルとは資産が生み出

す収入を基準とする理論価格よりも、価格が名目的に上昇することをいう。価格上昇が続くならば資産の保有が有利になり、ますます購買需要が発生し、それがさらなる価格上昇を招くことになる。しかしこのようなことはいつまでも持続しうることではなく、資産が価値を十分に生まなくなれば、資産価値は下落に転じざるをえない。こうしてバブルは崩壊し、企業の保有していた資産は不良資産となり、そのような企業活動に融資していた銀行の貸出しは不良債権となる。景気の低迷が続けば、不良債権は増大せざるをえない。これが銀行の融資態度を慎重にさせ、景気低迷の要因となっているのである。

また90年代初頭の日本企業の競争力は優れたものであり、1000億ドルを越える貿易黒字を稼ぎ出していた。これは相手国から見れば、自国産業の衰退につながり雇用状況を悪化させる元凶と見なされるものであった。プラザ合意以降は、アメリカはドル安円高政策をとり90年代に入ると急激な超円高が進行した。かつての1ドル＝240円が、1ドル＝80円まで円高が急激に進んだのである。円高とは、円で買えるドルが増えるということであり、円の価値が増大するのでそれ自体はいいことだといえる。しかし国際関係を見ると、超円高により輸出企業の採算悪化、国内生産の縮小・海外進出の拡大、雇用調整の増大が進む一方、安価な輸入品の増加、競争力の低下した産業の衰退、中小企業の競争条件の悪化が進み、全体として景気の低迷をもたらす要因となったのである。産業構造調整の過程で雇用リストラ[注2]が行なわれ、それが消費需要の低迷を余儀なくさせたのである。

経済不況の長期化要因

このようにバブルの崩壊と超円高による産業構造調整がデフレ[注3]不況をもたらしたといえるが、景気低迷を長期化している要因をも

う少し詳しく見ると、次の点を指摘できる。

　第一に、バブル期に形成された企業の過剰生産能力の存在である。新たな工場設備は効率が高まり生産能力が向上するが、それに見合った消費需要の増大がなければ過剰設備となる。このような過剰生産能力が解消されないと、新たな投資の盛り上がりは期待できないであろう。人間の予想能力には限界があり、それが景気変動の一因になるのである。

　第二に、50兆円ともいわれる金融機関の保有する不良債権の存在である。不良債権が大きければ、銀行の貸出し態度は慎重になり、産業界に潤沢な資金は供給されない。不良債権の処理のために銀行の自己資本が不足に陥り、そのために政府による資本注入が行なわれたのである。それでも、景気の長期的低迷が新たな不良債権を生み出しており、それが銀行の貸し渋り、産業への資金供給の閉塞をもたらしているといえる。

　第三に、産業構造調整のために企業は雇用リストラを促進しており、それが完全失業率の上昇、不安定雇用の増大をもたらしている。そしてまた、終身雇用の崩壊や年俸制・成果主義の導入による年功賃銀体系の見直しが進められている。契約社員や派遣社員の増加、若者のフリーター化はその現われであるが、基幹労働力の削減は企業の将来能力を不安にさせるものであろう。不安定雇用の増大は消費の低迷をますます強めていかざるをえないだろう。

　そして第四に、政府や地方自治体の歳入不足を補うための借金の増大である。すでに政府の国債残高は483兆円に達しており、国際的格付けは発展途上国なみまで低下している。塩川前財務大臣は「危機だ、危機だと騒ぎすぎだ」と怒っていたが、危機でないわけがない。景気対策の財政的余裕が失われているのである。おそらくこれから消費税率の引き上げ、社会保険料負担の増大、年金支給年齢の引き上げが進められていくであろう。そうしたなかで、ますます生活が厳しくなりゆとりのない社会になるかもしれない。

新自由主義的経済政策

　かつては不況になれば、公共投資などの有効需要政策[注4]がとられたが、公共投資の乗数効果が薄れるとともに巨額の財政赤字を残すことになった。そのため安易な公共投資政策は今日では支持を失っている。政府の不況対策も手詰まり感が出ているが、ここでは二つのよく主張されている景気対策を検討しておこう。ひとつは日銀の超低金利政策・量的緩和政策である。これは資金を潤沢に供給して金回りをよくすれば景気はよくなるという見方にもとづいている。いまひとつは規制緩和政策・市場原理主義的政策により、規制産業に競争を導入することによって産業が効率化すれば、景気がよくなるという見方である。

　日銀は超低金利政策・量的緩和政策をとっている。これは資金を潤沢に供給すれば取引が活発になり、経済の循環が促されるだろうというものである。金利が低下すれば、銀行のコスト負担が低減し、企業の資金調達も容易になる。債務者負担が軽減されるので資金需要が増大するはずである。これは経済学の原理のイロハともいえる。また低金利は株価上昇をもたらし資産価値を下支えするという効果もある。さらに国際関係を見ると、低金利により日本の余剰資金がアメリカの債券購入に向かうという効果もある。そういうことからして、不況下においては、低金利は不可避である。だがそれが景気回復につながるかというとなかなか難しいのが現状であろう。不良資産を抱えている企業は借金返済に追われているし、ベンチャー企業には担保がない。利潤期待が向上しなければ、資金需要は増大しないのである。だから安価な資金の供給ではなく新たな利潤機会が生まれることが、景気回復の必要条件なのである。

　規制緩和・市場原理の貫徹は、規制に守られていた分野において

は重要といえる。今日では情報通信分野がその典型であり、携帯電話やインターネットの普及は目覚しいものがある。だが、市場原理には二つの問題があると思われる。ひとつはすべての分野が競争原理に適しているのかという点である。福祉や教育、環境、公共サービスの分野では、利潤原理を基本とする民間に任せていては、公共性が保たれるかという問題が生じる可能性がある。いまひとつは、競争は優勝劣敗を生み出し、効率を達成したものが優位になるが、それが独占をもたらすという問題である。独占になると既得権の確保が目的となり、逆に効率が低下するという矛盾が生じる。競争は公正な競争条件が維持されるかぎりで、効率的となりうるのである。さらに、グローバル競争の社会では、農業や流通などの比較劣位産業は一定の政策なくしては壊滅的打撃を受けることになる。だから、いまこそ日本のあるべき産業の姿が構想されなければならないのである。

　日本経済の現状を大まかにとらえると、以上のようになるだろう。そうすると次には、ではどうすればよいのか、ということが知りたくなるかもしれない。しかし、私の考えを示すのは最後の章の課題にとっておくことにする。
　経済は人間の常識や直感だけではとらえきれない複雑なシステムである。さまざまな要素が絡み合って全体が構成されており、個々の経済主体による相互作用の結果としていろいろな現象が生起している。したがって、経済を構成している諸要素・諸契機をひとつひとつ確かめ、それらが全体としてどのように作用し、複雑な現実を作り出しているのかを理解しなければならない。
　はじめて経済学を学ぼうと思ったならば、単純な基本的要素から複雑な現象へと知識の階段を登ってゆく覚悟をしなければならない。だから、知的な努力が要請されるのだが、あるレベルに近づけばだんだんと経済の全体像が見えてくるはずである。そうすれば、自分

が何に関心があり、どのような分野を専攻しようかという目標が浮かんでくるであろう。そのようになることを期待して読み進めてもらいたい。

第2章

経済は何から成り立つのか

　人間の生活は、生産物やサービスの生産、交換、分配および消費という経済循環をとおして成り立っている。もし生産物やサービスの供給が途絶えてしまうならば、われわれが生きていくことができないことは誰でも分かる。だから、生産物の生産や交換がすべての社会生活の土台となっているといえるだろう。だが、このことは人間の精神的生活や文化活動が重要ではない、ということを意味しない。むしろ生産のあり方や社会制度の仕組みを考案し実践するのは、人間の精神的活動にもとづいているといえる。また精神的生活の充足がなければ人間にとって生きる意味が希薄になってしまうだろう。その意味からすると、社会構造は経済的土台と精神的文化的側面との統一として理解されなければならないのである。経済学はこのような社会構造を対象とする社会科学の一分野をなしているが、固有の研究領域としては、経済的土台の成り立ちや発達の仕方を研究する学問だといえる。したがって、まず生産物の生産や交換、分配や消費の基本的な意味、経済を成り立たせる構造的仕組みを理解しなければならないのである。

生産とは何か

　このように経済生活の基礎は生産であるから、まず生産とは何か

から説明を始めよう。生産とは言葉としては、何かを作り財を増加させるということであるが、ではどうやってそれが可能になるのであろうか。生産とは正確にいうと、人間が労働手段を用いて労働対象に働きかけ、それを自分の必要とする生産物に形態を変化させることである。人間の労働力が労働手段と結びついて、労働対象を生産物に変える行為がまさに労働なのである。この労働力とは、人間が労働において働かせる精神的能力および肉体的能力の総体を意味している。労働手段とは、それを用いて人間が自然対象に働きかける物的手段であり、道具や機械、容器や各種の装置などを含んでいる。そして労働対象とは、労働の働きかけを受ける自然対象であり、土地や原料、補助材料などである。これらの労働力、労働手段、および労働対象がなければ生産は行ないえないのであり、これらを生産の三要素という。よく常識的にいわれている労働、資本、土地という生産の三要素は、これらを市場経済的に表現したものである。なかでも、労働力は何をどのようにして作るのかを決定する主要因であるから、生産の主体的要因といえる。これにたいして労働手段や労働対象は労働の作用を受け取る客体となるものであるから、まとめて生産手段と呼ばれる。しかしこれらの主体的要因と客体的要因とが結びついて、はじめて生産が行なわれる。人間が生産手段を用いて労働力を働かせ、生活に必要な生産物を作り出すのである（図1）。

人間労働の二面性

しかし、さらに詳しく生産の中身を考えてみよう。人間の労働には、二面的性格がある。ひとつは具体的有用労働によって、労働対象を目的とする必要な生産物に形態を変化させることである。これは種子を作物に、綿花を綿糸に、部品を機械に、という変化である。われわれがさまざまな職業、就業分野、社会的分業、産業構造とい

うとき念頭においているのは、これらの具体的有用労働のことであろう。必要な生産物についてひとつ注意しておくと、人間の生活に直接に必要な消費手段と、原料や部品、機械として間接的に必要な生産手段とがあるということである。また消費手段を消費することを個人的消費といい、生産手段を消費することを生産的消費という。個人的消費によって生活が営まれ、生産的消費によって新たな生産物が生産されるのである。具体的労働の生産物には、このように多種多様なものが含まれているが、すべての生産物には人間が働いて作ったものだという共通性がある。いわゆる職業に貴賎なしという近代的観念は、これを表現しているともいえる。すべての多様な生産物には人間が労働して作った成果だという共通性があるから、このような側面から見た労働を抽象的人間労働という。ことばは難しいが、意味が難しいわけではない。これは労働の具体的側面を抽象して人間的共通面を表現した用語である。たとえば、われわれが一日8時間労働というとき、どの労働にも当てはめているのであるから、これはここでいう抽象的人間労働の量的表現なのである。だから、生産行為に労働の二面性を当てはめて説明すると、具体的有用労働で原料を必要な生産物に形態変化させ、一定時間の抽象的人間労働をかけて生産している、ということになる。

　さらに説明を補足すれば、生産された生産物にはその生産過程で直接に投入された労働だけではなく、使用された生産手段に含まれていた労働も移転するといえる。たとえば、原材料費や固定資本の償却費用も生産物に含まれるコストとして計算されることを考えれば、このことは理解されるであろう。生産物の生産にある人が一日かかり、その生産に使われた生産手段に二日分の労働がかかっていたとしたら、その生産物は三日分の労働生産物だということになる。労働生産物の生産にかかるコストには、直接の労働と生産手段に含まれている間接の労働とがあり、その全体が総コストになるのである（図2）。

図1　労働過程と生産の三要素

労働力 ＋ 労働手段 ⟶ 労働対象 ⟹ 生産物

（注）生産の主体は労働力であり、労働手段を用いて労働対象に働きかけ、形態を変化させて生産物にする。プラスの記号は結合を表わし、矢印の記号は作用を表わし、二重矢印の記号は変化・移行を表わしている。

図2　人間労働による生産物の生産

労働力 ＋ 生産手段 ⟹ 生産物（間接的労働／直接的労働）

（注）人間の労働には具体的有用労働と抽象的人間労働との二面性があり、具体的労働の面で生産物の形態を作り出し、抽象的労働の面で労働を付加する。生産手段に含まれていた労働もコストとして生産物に移転する。生産物には直接的労働と間接的労働とが含まれる。

I　市場経済の社会

労働の生産力と生産関係

ところで人間が自然対象に働きかけて、どれだけの生産物を獲得できるかという能力を労働の生産力、または労働生産性という。この生産力を規定する要因にはさまざまあるが、労働の熟練、技術的水準、生産の組織方法、生産規模の大きさ、および自然資源の豊かさが重要といえる。経済における競争力の規定要因がこれらの要素からなっていることは、今日の企業間競争のあり方を想起するだけでもすぐに分かるだろう。

これにたいして、生産における人と人との社会関係を生産関係という。生産力は人間と自然との関係であるのにたいし、生産関係は人間の社会との関係をとらえた概念である。このように、人間の関係を自然と社会というように二面的にとらえることが経済学ではとくに重要である。生産関係は人間が自由に決めることができるわけではなく、歴史的に生産手段の所有権のあり方によって決まってくる。たとえば、個人が土地の私有権を持っているならば、生産手段の使用の仕方を自由に決めることができる。しかしながら、もし封建領主が土地の所有権を持っているならば、耕作農民は農奴となって働かねばならない。これらの人間のあり方の違いが、所有権という制度に規定されていることは容易に理解できるであろう。これまでの歴史的社会において、原始共産制であるとか、奴隷制、封建制、あるいは資本主義とかいわれているのは、生産関係の差異を表わしているのである。原始共産制では土地や生産物が共有され、共同体のメンバーの必要に応じた分配が行なわれる。奴隷制や封建制では領主が土地所有権を独占しており、生産物を生産者から収奪している。資本主義では個人に私的所有権が認められ就業の自由があるが、生産手段を所有してない人は賃銀労働者として雇用されなければならない。雇用関係を結ぶことではじめて生活が成り立つのである。

このように社会のあり方を規定しているのが生産関係なのである。

経済調整の二つの原理

　経済社会のあり方を考えるうえで重要なのは、意識的な計画経済の社会といわゆる自由な市場経済との差異である。意識的な計画経済と自由な市場経済とは何であり、なぜそうした関係が生まれるのか、ということである。ここでその要点を説明しておこう。

　生産手段が共同的に所有されているならば、何をどう作り、どのように分配されるかは、意思決定の仕方には多様な形態がありうるが、意識的計画的になされる。これは現物経済中心の共同体や社会主義において行なわれる。すなわち社会的必要を想定して、生産手段や労働力をいろいろな分野に配分し、生産物はメンバーの必要性を考慮して分配される。経済規模が大きくなく社会的分業が複雑でなければ、このような形態が十分可能である。

　しかし社会的分業が多様に展開され、私有権にもとづく経営が行なわれるようになると、意識的な計画的コントロールは、じっさいには難しくなる。私的生産者は社会的な需要を予測し、自分の責任で何をどう作るかを決定するようになる。このような社会を市場経済という。何をどのように生産するかだけではなく、誰とどれだけ交換するかも自由に行なわれるようになる。競争力のある生産者はますます多くの生産物を生産し、市場を拡大してゆく。だが、競争において比較劣位にある生産者は市場から排除されるかもしれない。このようにして市場経済が優勢になるが、市場経済は本来的に不安定さを特徴としている。

第3章

市場経済とはどのような仕組みか

　市場経済の特徴は、共同体社会との比較によって明らかになるだろう。生産手段が社会的に共同所有されているならば、共同体の構成メンバーの社会的必要を想定した計画的生産が行なわれる。かつての共同体を基礎とする社会や理想的社会主義においては、そのような経済調整の意識的計画性が特徴である。これはA.スミス[注5]のいう「神の見えざる手」とは反対の人間の「見える手」による経済の調整といえる。社会が必要とする生産物は多種多様であるが、現存の生産手段や労働力の質と量を考えてこれらの生産要素をさまざまな生産部門に配分しなければならない。共同体の内部では、社会の必要に応じた計画的な社会的分業が行なわれる。また生産物の分配は、共同体のメンバーの必要性を考慮して生存の維持を基本原理として行なわれるのである（図3）。

私的所有と市場の発生

　共同体間に地理的歴史的条件の差によって生産性の格差があるならば、生産物の交換によってより多くの財貨を手に入れることができる。このような物々交換が市場の発生する契機となる。生産物が商品として交換されるようになると、共同体の内部に富の蓄積により生産者の格差が生じる。はじめは対外的関係から商品が生まれた

第3章 市場経済とはどのような仕組みか

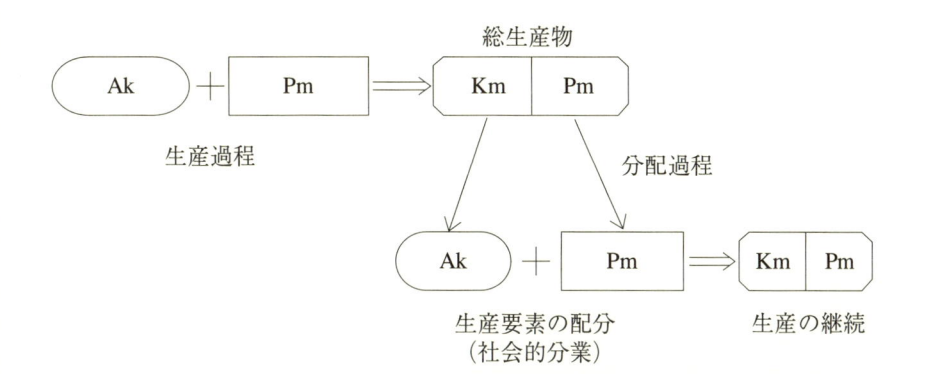

図3　生産物の生産・分配による経済の循環

```
                          総生産物
  ┌──┐   ┌──┐       ┌──┬──┐
  │Ak│ + │Pm│  ⟹   │Km│Pm│
  └──┘   └──┘       └─┬┴─┬┘
   生産過程              │  │    分配過程
                        │  │
                        ▼  ▼
                   ┌──┐   ┌──┐       ┌──┬──┐
                   │Ak│ + │Pm│  ⟹   │Km│Pm│
                   └──┘   └──┘       └──┴──┘
                  生産要素の配分          生産の継続
                  （社会的分業）
```

（注）総生産物には消費財Kmと生産財Pmとが含まれていなければならない。消費財は生産者＝労働力Akに分配され、生産財は各生産部門に配分される。そうすることによって生産要素が再生産され、生産の継続が可能になる。このように経済は循環することで成り立つ。

が、それが共同体内部に反作用して生産者間に格差を生じさせ、共同的な生産や分配という共同体的関係の維持が困難になるのである。このようにして共同体的関係の解体のなかから私的所有が生まれ、私的な生産や交換が行なわれるようになると、市場経済が発達するようになる。この市場とは、私的に生産された生産物が交換される場のことである。生産手段を所有し自由に使用できる私的生産者は、自分の計算で必要なものを生産する。生産者間では自然発生的に社会的分業が行なわれるが、それは共同体社会でのように意識的計画性のあるものではない。生産者の生活に必要な分を越えた生産物の余剰が、商品として市場に出される。もちろんそれは、自分では所有していない必要なものを手に入れるためである。市場経済におい

ては、生産物は私的な判断によって生産したものであるから、社会的需要を満たすものかどうかは市場に出してみるまで分からない。生産物が社会的使用価値を持つかどうかは、交換されてはじめて分かるといえる。だが、私的生産者は余剰生産物を自分にとって必要な生産物を手に入れるために市場に出すのであり、生産物の譲渡の見返りとして他人の生産した生産物を獲得しなければならない。だから、私的生産者の生産物は市場においては他人の生産物を手に入れる交換手段として役立つのである。このように市場において交換手段として役立つ生産物を商品というのである。いわゆる市場経済とは、すべての財＝生産物が商品となる社会であり商品経済ともいえる（図4）。

商品交換を規制する基準

では、市場経済＝商品経済において中心的役割を持つ商品の交換は、何を基準にして行なわれるのであろうか。古典派経済学は労働生産物の市場での交換価値は、それの生産にかかった労働量によって決まると考えた。このような考え方を投下労働価値説[注6]という。またそれは商品の価値を決める基準なので、経済学的には価値法則ともいう。このような考え方の根拠は、どこにあるのであろうか。まず市場に出されるどんな生産物＝商品にも共通しているのは、それが労働の生産物だということである。人間が労働しなくては、そもそも生産物はありえないであろう。たとえば、人間の生存には空気や太陽光が必要であり、それらには重要な使用価値があるといえるが、労働生産物ではないので商品とはなりえない。また労働生産物を市場に出した生産者は、それと同等の価値を持つ生産物でなければ交換に応じないであろう。だから、この交換の基準となる同等な価値は、それぞれの生産物の生産にかかった投入労働量にほかならない。市場に出された生産物が必要な生産物と交換されることに

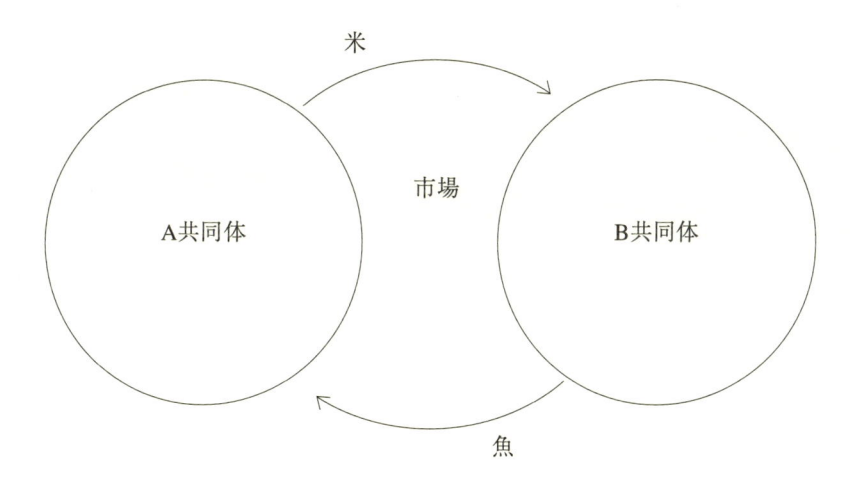

第3章　市場経済とはどのような仕組みか

図4　共同体間における私的交換＝市場の発生

```
          米
      ⌒⌒→
  A共同体   市場   B共同体
      ←⌒⌒
          魚
```

（注）A共同体とB共同体とは、地理的歴史的条件から生産物の生産性に差異がある。A共同体が農村地域、B共同体が漁村地域にあるとすれば、米と魚を私的に交換することが有利になる。米と魚は使用価値が異なっているから交換されるのであり、交換の基準(＝交換価値)はそれぞれに同等な労働が費やされていることである。

より、それの持つ交換価値が実現されることになる。商品の交換価値とは、商品の交換における値打ち、あるいは他人の商品にたいする購買力といえる。商品経済においては生産物が市場で交換されることにより、私的生産者が個人的に行なった生産活動が社会的分業の一環をなしていたことが事後的に証明される。市場経済の主体である私的生産者は自立しており相互に直接的な関係を持つわけではないが、市場をとおして依存しているのであり、社会的関係を形成しているのである。

このように市場経済においては、それまでの共同体社会と違って使用価値を目的とした社会から、より多くの交換価値の獲得を目的とした社会に転換するのである。私的生産者はだんだんと自分に必要なものを生産するのではなく、必要なものを手に入れるためにより大きな交換価値を持つ商品を生産するようになる。そして、私的生産者にとっては交換価値の獲得＝増大が自己目的となり、社会は競争社会となるのである。

使用価値と交換価値[注7]との区別

上記で述べたように、共同体における現物経済では生産物はメンバーの必要に応じて分配される。そのばあい、もともと生産物は共同体の所有物であるから人々の間で商品として交換されるわけではない。ところが、私的所有のもとでの私的生産では、生産物は市場において商品として交換されるようになる。労働生産物は人間にとっての有用性＝使用価値を持たなければならないが、商品としてはそのほかに交換性＝交換価値を持たなければならない。このように商品の特徴は、それ自体の自然的性質としての使用価値のほかに社会的性質としての交換価値を持っていることである。商品はそれを生産した生産者には使用価値としての有用性はないが、交換のための役立ちである交換価値があるといえる。

しかし商品が市場において交換価値を持つためには、他人のための社会的使用価値を持っていなければならない。新古典派経済学の限界効用[注8]価値説は、使用価値＝財の効用の大きさによって商品の交換価値が決まる、と主張している。この説明は説得力を持ちうるのであろうか。生産物の効用の大きさの判断は、個人的にはさまざまであろう。たとえば、貧乏人から見ればパンの効用は大きく見え、金持ちから見ればパンの効用は小さく見える。だからといって、市場においてはある特定のパンの市場価格は一律である。なるほど需要が大きければ、パンの価格は上昇するかもしれないが、供給が増加すればいずれ価格は低下する。限界効用価値説はこのような価格変動の要因をとらえているといえるが、価格の大きさを規定する要因をとらえているとはいえないであろう。需給関係が均衡したばあい商品の交換価値は効用の大きさによっては規定されない。では、何によって商品の交換価値が決まってくるのか。それは、先にも述べたように、その商品を生産するのに要した労働時間によって決まるといえる。なぜならば、市場が発達してくると、誰でも自分の商品を同等な労働を要した等価物としか交換しようとしないからである。ただし、このばあいの労働時間とは、私的生産者の個別の必要労働時間ではなく、多数の生産者の社会的平均必要労働時間である。だから、平均以上の労働時間がかかってしまう生産者は無駄な時間を費やしていることになり、競争から脱落させられるかもしれないのである。

　市場経済においては、さまざまな使用価値を持つ商品間の交換比率は、それぞれの商品の生産に投入された労働量によって決まる。商品は生産者にとっては交換価値を持ち、交換価値に応じて市場から必要な生産物を手に入れる交換手段となる。だから、私的生産者は商品交換によってはじめて生活できるようになるといえる。いわゆる市場メカニズム[注9]は、私的生産者の必要を満たすように、生産要素をさまざまな生産部門に配分し、生産物を社会的に分配する役

割を果たしているのである。これは人間が意識的計画的に行なっているわけではないので、A.スミスは「神の見えざる手」による調整と呼んだのである。しかし市場経済の歴史を見るならば、「神の見えざる手」は必ずしも万能というわけではなく、さまざまな矛盾や対立を生み出してきたといえるであろう。市場メカニズムの限界については、次章で問題にしよう。

第4章

需要供給の法則に任せて大丈夫か

　市場経済においては、需要供給の法則＝価格メカニズムによって生産物の生産や交換が調整されている。しかし、何をどれだけ生産すべきか、あるいはどこに分配すべきかを、誰も指示たり調整したりしているわけではないのに、社会的必要に見合った生産や分配が行なわれ、社会が成り立っているのは、よく考えてみれば不思議なことだといわねばならない。そこでこの章では、需要供給の法則とは何か、何が商品価値・価格を決めているのか、そして需要供給の法則の作用はどこまで有効なのか、という問題をさらに詳しく考えてみよう。

需要供給の法則とは何か

　商品の需要供給関係と商品価値とは、どのような関係にあるのだろうか。ふつう需要価格は生産物の供給量が増大するとともに低下するとされている。これは生産物量の増大により、人間にたいする財貨の希少性が低下することを反映しているからである。言い換えるなら、生産物の限界効用の逓減が想定されているのである。また供給価格は生産物が増大するとともに上昇するとされている。これは生産における収穫逓減の法則[注10]が前提されているからである。もしかりに規模の経済性により収穫が逓増するならば、商品の供給価

図5　需要供給の法則による市場均衡

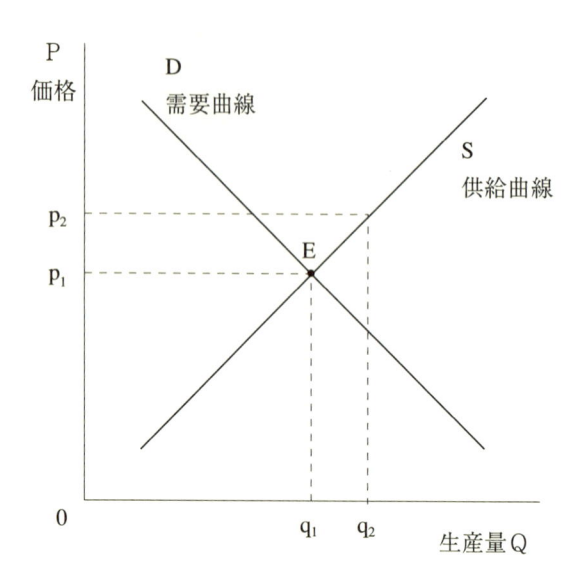

（注）需要曲線と供給曲線との均衡点Eで、均衡価格p_1と均衡生産量q_1が決定される。ただし、需要曲線が右下がりになるのは限界効用の逓減が前提され、供給曲線が右上がりになるのは収穫逓減の法則が前提されているからである。生産量がq_2では、需要価格＜供給価格であり供給超過になる。

格は低下するはずであろう。だから、需要曲線が右下がりになり、供給曲線が右上がりになるのは、商品の限界効用の逓減と限界収穫の逓減がそれぞれ前提されているからである。もしこのような前提が成り立たないとすれば、需要曲線と供給曲線は交わらないことがありえるのであり、需要供給の法則によって商品価値・価格は決められないことになる。だが、しばらくこのような前提が成り立つものとして議論をすすめよう（図5、図6）。

第4章 需要供給の法則に任せて大丈夫か

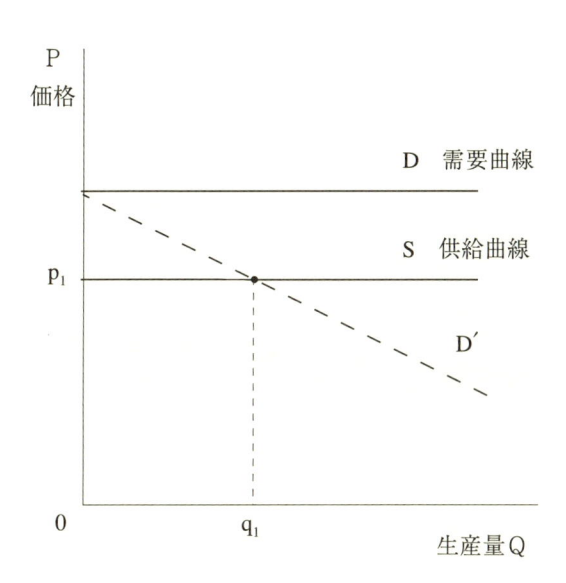

図6 需給均衡が成立しないケース

(注) 人間の欲求に限界がなく、また収穫が逓減しないとすれば、需要曲線、供給曲線は横軸に並行になり交点が存在しなくなる。しかし人間の欲求が収入に制限されるとすれば、需要曲線は右下がりになり、供給曲線との交点が生じる。

　需要曲線と供給曲線の交点が均衡点Eであり、その水準で商品の均衡価格と均衡生産量が決定される。もし生産量が均衡生産量を超過しているならば、供給価格が需要価格を上回り、損失が発生するので生産量は減少せざるをえない。また逆に、生産量が均衡生産量を下回っているならば、需要価格が供給価格を上回り、超過利潤が発生するので生産量は増大するであろう。このように商品の需給関係に不均衡があるならば、価格がシグナルとなって需給均衡が達成

されるように、生産の調整が行なわれるのである。このように価格メカニズムの重要な作用は、誰が指示しているわけでもないのに社会的需要に応じた社会的供給が行なわれるようになる、ということである。

商品価値は何で決まるのか

では、商品にたいする需給の一致点で均衡価格や均衡生産量が決定されるとして、商品価値・価格は何によって規定されるといえるであろうか。

需要のない商品には価値はないのであるから、需要価格の水準は商品価値・価格の規定にとって不可欠の必要条件だといえるであろう。だがいくら需要があるとしても、商品がその需要される価格で供給できなければ、価値または価格は実現されないであろう。その意味からすれば、商品の供給価格が重要であり、商品価値・価格を規定する十分条件だといえるであろう。もし需要価格が供給価格を上回っているならば、それだけ生産量が増加され供給価格も上昇してゆくだろう。供給価格が上昇してゆくならば、需要が減退して需給の一致点が生じるであろう。このばあいの均衡価格は、社会的需要量を満たす供給価格の水準に規定されることは明らかであろう。

では、この供給価格は何によって規定されるのであろうか。それは、その商品の生産に要するコストにほかならない。商品を生産するためのコストにはさまざまな要素があるが、労働価値説は根本的なコスト要因として商品の生産に必要な労働を考えている。なぜなら、商品は人間労働によって主導されて生産されているし、商品の交換における同等性はそれに含まれる労働を基準としているからである。需要供給説はそこまでは考えてなくて生産費が供給価格を規定するとしているが、需要要因＝限界効用だけでは均衡価格を規定するには不十分であることは認めている。需要供給説＝生産費説は

生産条件の重要さを認める点で、労働価値説に接近しているといえるだろう。したがって残っている両者の相違点は、コストの根本的な規定要因が何であり、なぜゆえにコストが発生するのかをどこまで追究しようとするのか、という点だけである。

需要曲線と供給曲線の交点で均衡価格が決まるということは、均衡価格が限界効用＝限界費用の点で決まることを示している。だが、このような議論は、先に述べたように限界効用の低減と収穫逓減の法則が成り立つばあいにおいてのみ可能なことである。人間の効用判断は人それぞれであり、また財の効用の相対比較は難しい。また、ある意味では人間の欲望には限界がないともいえるだろう。さらに、もし生産物の収穫が逓減するわけではなく収穫逓増もありうるとすれば、均衡価格は限界費用によっては決まらないことになる。そのばあいには、社会的需要を満たす総供給量の平均費用が均衡価格を規定することになるであろう。なぜなら、限界的生産者にはたえず競争による淘汰圧力が作用し、供給条件の有利な生産者が市場の多くを占有することになるからである。完全な自由競争では売り手も買い手も互いに有利な相手と取引しようとするから、結局は、市場では等価交換が行なわれ平均法則が作用するのである。それゆえ等価交換が前提されるならば、商品価値＝平均価格はその商品を生産する社会的平均必要労働時間によって規定されるのである。

需要供給の法則と市場の不安定性

需要供給の法則によって、社会的需要を満たすように生産諸要素が各生産部門に配分され、生産に必要な生産手段や生活に必要な消費手段が供給されるようになる。このように需要供給の法則＝価格メカニズムが、社会的必要に見合った生産要素の配分を実現しているのである。だが、価格メカニズムはこのように重要な機能を果たしているとはいえ、つねに需給関係を均衡化させ、資本主義経済の

安定性を生み出しているといえるのであろうか。

　たとえば、商品の生産量が均衡生産量を上回っており、供給価格が需要価格を超過しているばあいを想定してみよう。そのばあい、生産者は損失が発生するので供給を減少させなければならない。供給量が減少し供給価格が低下すれば、需給均衡が達成されるかもしれない。しかし供給量を減少させるならば生産者の所得が減少して、社会の需要水準が低下し、需要曲線が左下にシフトするかもしれない。そうすると商品の均衡生産量や均衡価格は以前の状態よりもいっそう低下することになるであろう。現実の市場では、生産量を縮小するならば、それに対応して商品価格が上昇するというような単純な関係にはない。それよりも所得の減少が需要を減少させる可能性が高いのである。もしこのような状態が持続するとすれば、経済はデフレ・スパイラルに陥るであろう（図7）。

　またこのばあい、商品が人間の労働力であると仮定するとどうなるであろうか。労働力の供給超過により賃銀水準が低下すると、労働力の供給は減少するといえるであろうか。賃銀の低下により求職を諦める人が発生するかもしれないが、家族の生活を支えるためにより多くの労働力が市場に供給されるようになるかもしれない。そうなると、賃銀の低下により労働力の供給が減少し、労働市場において需給均衡が達成されるとはいえなくなる。このようなことは、経済の不況期においてしばしば見られることである（後掲、図19参照）。

　今度は、これとは逆のケースを想定してみよう。生産量は均衡生産量であるとしても生産者が技術革新により生産性を向上させ、生産費用を低下させたばあいを考えてみよう。そのばあい供給曲線は右下にシフトするとともに、需要曲線も価格低下により新たな需要が生み出され右上にシフトするかもしれない。そうなると価格は低下するが、均衡生産量が増大し、社会の所得水準がこれまで以上に増大することもありえるだろう（図8）。

図7　供給超過によるデフレ・スパイラル

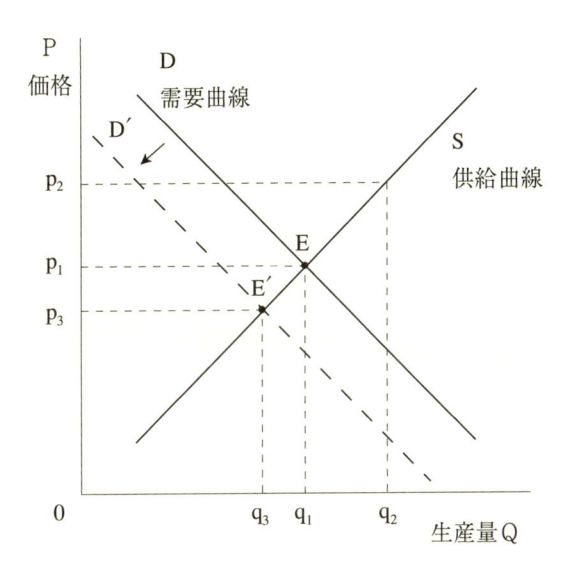

（注）生産量q_2は均衡生産量q_1を超過しているので、生産量が縮小されるとしよう。しかしそれによって生産者の収入が減少すれば、需要曲線が左下にシフトするかもしれない。需要曲線がD′になると、生産量がq_3まで減少し、価格もp_3まで低下する。市場経済は生産縮小によって、このようなデフレ・スパイラルに陥る可能性がある。

　このような状態は、好況期においてしばしば生じるといえる。しかし好況の持続が産業界に楽観的な気分を生み出し、過大な投資がもたらされるかもしれない。そうすると景気が反転し、上記のようなデフレ・スパイラルに陥るかもしれないのである。
　このように価格メカニズムが需給均衡を達成しうるかどうかは条件次第であり、必ずしも需給が調整されて資本主義経済が安定的に

図8　技術革新による好循環

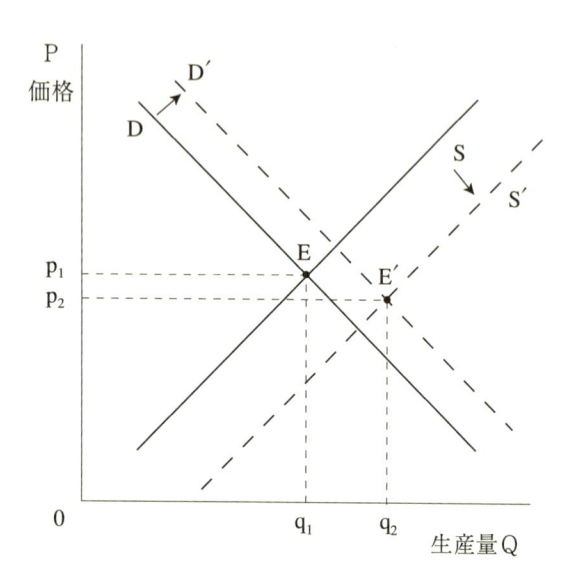

（注）技術革新により供給価格が低下すると、供給曲線は右下にシフトしS'となる。また価格低下により需要が増大すると、需要曲線も右側にシフトしD'となる。均衡点はE'となり、生産量が増加し収入も増大するであろう。高度成長期に見られたパターンである。

成長するというわけではない。むしろ市場経済は利潤を目的とした競争社会であり、それゆえに市場の不安定性をもたらすのである。

第5章

お金の持っている不思議な力

　市場経済では、お金があれば何でも買うことができるし、お金を貯めて金持ちになることもできる。逆に、お金がなければ市民生活はままならないし、企業だったら破産してしまうかもしれない。「地獄の沙汰も金次第」ということわざは、虚構の世界での出来事ではなく、資本主義の現実を言い当てているといわねばならない。お金はなぜそのような社会的力を持っているのだろうか。金貨でも紙幣でもひとつの使用価値であり、ものであるには違いないのだが、われわれ人間はそこにそれ以上の社会的力を認めている。お金＝貨幣に人間は社会的力あるいは支配力を認めているが、それはなぜであろうか。貨幣の不思議さを追究するためには、その発生から見ていかねばならない。

商品交換の困難と貨幣の発生

　市場における商品の交換関係のなかから貨幣が生まれてくる。私的生産者にとり商品は自分の必要とする商品を手に入れるための手段であるが、取引相手となる商品生産者が提供される商品を必要とすることは、偶然的にしかありえないであろう。商品生産者は自分の商品を交換手段として通用させようとするが、それは取引相手がその商品の使用価値を認めることを条件としている。誰でも自分の

図9　商品流通の貨幣による媒介

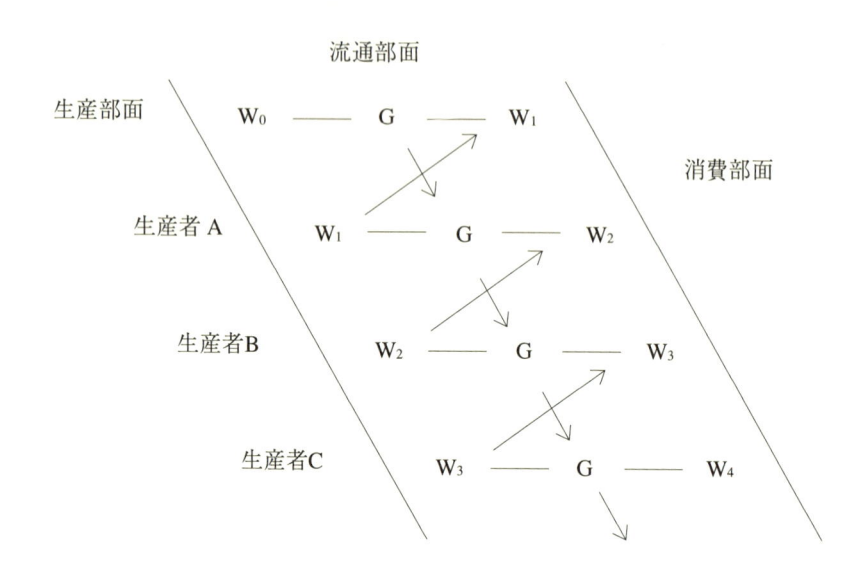

```
           流通部面
生産部面   W₀ ── G ── W₁
                         \         消費部面
                          ↘
生産者A      W₁ ── G ── W₂
                         \
                          ↘
生産者B      W₂ ── G ── W₃
                         \
                          ↘
生産者C      W₃ ── G ── W₄
                         \
                          ↘
```

（注）たとえば、生産者Aは貨幣Gとの交換で、商品W_1を販売する。そして次に、生産者Bから商品W_2を購買する。商品は生産部面から消費部面に移行するが、貨幣は流通に留まって商品流通を媒介する。このような機能を果たす貨幣を流通手段＝通貨という。

商品を自分が必要とするものとしか交換しないであろう。だから商品交換は、当事者たちの欲望の二重の一致がなければ行なわれないのである。このように物々交換を行なうには困難がある。そこで交換関係の広がりのなかで、誰にでも受け入れられる商品が貨幣としての役割を果たすようになる。このように貨幣とは、市場において商品の交換手段として選抜された商品なのである。生産者はまず自

分の商品をそれを欲求する相手に貨幣との交換で譲渡し（使用価値が社会的に認められる）、それから次に、貨幣を使って自分に必要な商品を手に入れるようになる（交換価値として役立たせる）。このようにして商品流通は貨幣によって媒介されるようになり、貨幣経済と表裏一体となって発展するのである（図9）。

　商品流通における貨幣の役割には、五つの機能があるといわれる。すなわち(1)価値尺度、(2)流通手段、(3)蓄蔵貨幣、(4)支払手段、および(5)世界貨幣である。これらの機能を大きく二つに分け、それぞれを簡単に説明しておこう。

価値を表示し商品を流通させる機能

　(1)価値尺度　商品生産者Aと商品生産者Bとの交換関係を考えてみると、x量の商品A＝y量の商品Bという関係が成り立っていることが分かる。商品同士の価値が等しいから商品交換が行なわれるのである。しかしこの関係は両者の価値が等しいということだけではなく、商品Aの価値が商品Bに等しく、商品Bが商品Aの等価物になっていることを示している。たとえば、一本の万年筆は10kgの米に等しいというように。このばあい万年筆の価値は、市場においては10kgの米という形で表現されている。米という使用価値が万年筆の価値を表わす価値尺度として機能しているのである。かつてはもっとも流通していた米が貨幣の代わりに使われた時代があったのである。次に10kgの米が10gの金と交換されるとしよう。そうすると金が米の等価物となり、価値尺度として機能していることになる。近代の社会になると、貨幣の機能を金や銀が果たすようになった。そうなると、すべての市場にある商品は貨幣＝金の分量で交換価値を表わすようになるのである。だから商品の価格とは、貨幣で表わした交換価値の大きさなのである。現在、金1gは1000円ぐらいである。そうすると10kgの米の値段は1万円ということになる。商品の

持つ価値はそれ自体では分からないけれども、交換される相手＝貨幣の分量で表現されるのである。こうした貨幣の機能を価値尺度という。貨幣の価値尺度機能により、すべての商品の交換比率は価格の大きさとして比較されるようになるのである。

　(2)流通手段　商品の物々交換は貨幣が生まれることにより、販売と購買に分裂することになる。まず商品が譲渡されることによって商品が社会的使用価値を持っていたことが分かる。そして次に、商品生産者は手に入れた貨幣で自分の必要とする商品を購買する。これは商品の交換価値としての機能を実現することである。貨幣は一般的等価物であるから、すべての商品の価値を表現すると同時に、どの商品とも交換できる能力を有している。流通手段としての貨幣は、商品の生産者から消費者への流通を媒介しているのである。

　ところで、流通手段として必要な貨幣量はどのようにして決まってくるのであろうか。それは市場に供給される商品の総額と貨幣の流通速度との関係で決まってくる。それを定式化すれば、流通必要貨幣量＝商品価格総額／貨幣の流通速度となる。貨幣の流通速度とは、貨幣がどれくらいの回数商品流通を媒介するかということである。流通手段としての貨幣は交換のために使われるのであり、その必要量は商品の交換額によるのである。ところが、不況になると通貨供給量を増加させて物価を上げ、景気をよくしようという政策がとられる。たとえば日銀の量的緩和政策がそれである。しかし、通貨は交換のために必要とされるのであるから、必要のない通貨は流通せずに銀行に滞留するのである。

価値を保存し債務を決済する機能

　(3)蓄蔵貨幣　商品の販売によって手に入れた貨幣は、すぐに購買手段として機能させる必要はない。金額の高いものの購買や将来の支出に備えて貨幣を蓄えておかなければならない。必要なものを購

買するために貯蓄されている貨幣を蓄蔵貨幣という。このような貯蓄は家計においても企業においてもさまざまな理由から必要であろう。このように貨幣の一部は、つねに流通から引き上げられているのである。貨幣の蓄蔵機能により商品流通における購買と販売、需要と供給とは必ずしも一致しないことになる。需要が一時的に供給を上回ることもあれば、その反対に需要が供給よりも全体的に減退することもありうる。たとえば、誰もが金持ちになろうとして貨幣蓄蔵に励むならば、需要不足になり不況が広がってしまうかもしれないのである。しかし社会全体で見ると、貯蓄額に見合う新規投資が行なわれるならば、経済は成長しうるのである。J.M.ケインズ[注11]は人間の貨幣愛から有効需要が不足して不況になる可能性を指摘しており、そこから公共投資などの有効需要政策の必要性を説いている。

　(4)支払手段　いま現金は持っていないが、将来の所得を当てにして商品の購買ができるならば、商品流通は拡大することになる。将来の支払いを約束して商品を購買することを掛買いという。こうして商品の買い手は債務者となり、商品の売り手は債権者となる。債務者の支払い約束証書が商業手形である。もし債務者が信用で購買した商品を支払期日までに第三者に販売して現金を入手できるならば、債務を返済できる。あるいは債権と債務が相殺されるような信用関係が形成されるならば、現金は流通に入っていかないかもしれない。それによって流通必要貨幣量は節約される。貨幣は債権債務の差額の決済のために必要とされるだけになる。このような貨幣の機能を支払手段という。

　信用により現存の貨幣量に制約されずに、市場取引が拡大され商品経済が発展する。しかし、信用取引は流通必要貨幣量を節約するとはいえ、貨幣の必要性をなくすものではない。債務者が当てにしていた所得が期日までに実現されなければ、支払手段としての貨幣が必要になる。債務の支払不能が生じるならば、信用関係の広がり

が支払不能の連鎖反応を引き起こすかもしれない。これが貨幣恐慌をもたらすのである。これを防ぐために日銀が、最後の貸し手として機能しているのである。

(5)世界貨幣　国際間の商品取引においては、国内流通のような商品流通の絡み合いは生じない。外国への商品の販売業者が、その相手国からの商品の輸入業者であることは偶然的にしか生じないからである。外国との取引では、当事者間で一方的な購買かまたは一方的な販売が行なわれる。一定期間を取ると、二国間に支払収支の差額が生じる。この差額は国内貨幣では決済できないので、世界貨幣としての金が決済機能を果たすことになる。貨幣としての金は一般的等価物であり一般的支払手段であるから、国際間においても受け取りを拒否されることはない。しかし通常の取引では、外国為替が用いられる。この為替レートは、各国間の貨幣の価値比率と支払収支差額によって規定される。現在では金の代わりに、アメリカの経済力を背景にドルが国際通貨として用いられているのである。

II

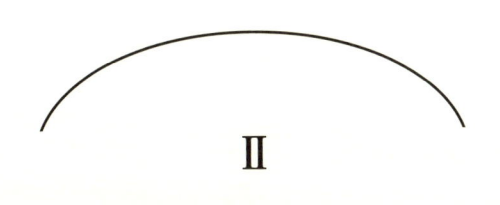

資本主義システム

II　資本主義システム

第6章

等価交換なのにお金が儲かる

　市場経済または商品経済は、生産物やサービスを商品として交換することによって成り立つ。私的生産者は社会的使用価値を持つ商品を市場に供給し、それと引き換えに自分にとって必要な商品を手に入れる。このように市場を媒介にすることで、私的生産者は経済生活を維持・再生産しているのである。市場での個々の取引は、交換当事者が損をしたり得をしたりするばあいがあり、厳密にいえば等価交換が行なわれているわけではないが、多数の取引を平均すれば損得が均されて等価交換が原則になっているといえる。なぜなら、いつでも取引で得をするような特権者は、市場経済では排除されるからである。

前近代的資本と価値差額

　しかしそうだとすれば、等価交換が原則の市場経済のもとで、なぜ企業の営利活動が可能になるのであろうか。資本主義システムとは、平たくいえばお金を儲けるために経済活動を行なうことだといえる。だが商品の購買や販売を価値どおりに行ないながら、どうしてお金が儲かるのであろうか。資本主義とは不思議なシステムではないだろうか。
　近代資本主義が成り立つ以前にも、資本主義的活動は行なわれて

いた。たとえば、前近代における商人資本はある地域で安価に商品を手に入れて、別の地域でそれよりも高く売ることで利潤を獲得していた。地域や国別に商品価格の格差が多く見られたから、このような行動が可能になったのである。しかし各地域が統合されて国民経済が成立するようになると、このような商品の地域的な価格差を根拠とする利潤獲得は困難になるであろう。また前近代の社会においても貨幣経済が発達すると貨幣の貸借が生まれ、高利貸し資本が活躍するようになった。貨幣の借り手は原材料を仕入れたり、それで生活を賄ったりした後で、生産物の販売代金から利子をつけて借金を返済したのである。高利貸しも前近代的資本であるが、封建制や小生産者に寄生しており、独自の資本主義システムを生み出したとはいえないであろう。このようないわば不等価交換や価値の収奪を伴わないで、どのようにして自由で対等な取引関係のもとで資本主義が成り立つのであろうか。

賃労働者の形成と資本主義システム

資本主義システムが成り立つためには、いわゆる二重の意味で自由な賃労働者が形成されていなければならない。封建制や共同体的関係の解体に伴って、社会の構成メンバーは生産手段の所有者と非所有者とに分離してくる。生産手段を失った賃労働者は封建的束縛から自由になっただけではなく、生きるための田畑・生産手段からも自由になったのである。このような生産者と生産手段との分離過程は、歴史的には本源的蓄積と呼ばれる。自分の生産手段を失い、身分的に自由になった近代的賃銀労働者が、資本主義経済が成り立つ基礎にあるといえる。他方では、生産手段や貨幣を集積して企業経営にあたる資本家階級が出現する。自由になった労働者も市場経済のもとで生きてゆかねばならないのであり、生活のためには雇用機会を求めねばならない。労働者は労働力を資本家に提供すること

の対価として賃銀所得を手に入れ、それで生活してゆくことになる。資本主義においては資本家＝企業家は多数の労働者を雇用しなければ企業経営をできないが、労働者も資本家に雇用されなければ生活できなくなるのである。その意味では、両者は相互依存しているといえるが、企業を組織するのはあくまで生産手段や資本を集積した資本家なのである。

　では資本主義のもとでは、生産活動はどのように行なわれるのであろうか。生産活動を開始するに当たって、資本家＝企業家は必要とする生産手段や労働力という生産諸要素を市場で購入しなければならない。そして、これらの生産諸要素を生産過程で結合させて社会的に有用な生産物を生産し、市場でそれを販売する。資本家は生産のために投入した生産要素の価値と生産物の価値との間に差額があるならば、それを利潤として手に入れることができる。簡単にいえば、資本主義とはこのように価値の増殖を生み出す関係のことである。もし価値増殖（お金を儲けること）ができなければ企業経営に失敗したのであり、そのような企業は市場から淘汰されざるをえない。資本主義企業の生産活動を記号を使って表記すれば、G―W…P…W′―G′ となる。このGは貨幣、Wは商品、Pは生産過程であり、ダッシュの記号は商品や貨幣に価値の増加分が含まれていることを意味している。生産活動への投入要素価値Gと産出物価値G′との差額が資本にとっての利潤となる。ではこの価値差額は、どこから生まれてくるのであろうか。

剰余価値[注12]はどこから生まれるのか

　資本の生産過程に注目してみよう。生産には機械設備や原材料が必要である。これらは市場である所与の価格でもって購入される。これらの生産手段に含まれている価値は、それらの使用に伴ってだんだんと生産物に移転する。そのさい価値以上を生産物に移転させ

ることはできないし、価値以下では生産の継続が不可能になってしまうであろう。したがって生産手段に関しては、購入に要した価値がそのまま生産物に価値移転するといえる。

　しかし労働力についてはどうであろうか。資本家は労働力を雇用して生産活動を行なう。労働者は資本家のもとで機械や原材料を使用して生産物を生産する。この人間の労働力の価値は、何によって決まるのであろうか。労働力とは人間の持つ精神的・肉体的能力の総体であるから、人間が正常に発達し生活しているならば維持・再生産されるものである。それゆえ、労働力が維持・再生産される費用、簡単にいえば生活費が労働力の価値を規定するといえる。労働力の維持・再生産の費用には、①生活の費用、②家族の費用、および③能力形成の費用が含まれる。生活するだけではなく、家族の生活を維持し、労働能力を高めることが労働者にとり不可欠なのである。この費用が一日の労働のすべての時間を要するならば、そこに剰余生産物が発生する余地はないであろう。しかしながら、社会が発展し労働生産力が発達するなかで、生活費を賄う労働時間は一日のうちの限定された部分になっている。これを必要労働時間という。かりに必要労働時間が４時間で４単位の価値であると仮定しよう。そのばあい労働力の一日の価値は４単位ということになる。だが、一日の労働時間は４時間に制限されているわけではない。労働力の価値が４単位の価値であるとしても、一日の労働時間はたとえば８時間であり、８単位の価値を生み出すことができる。労働力の価値４単位と、労働によって生み出された価値８単位の差額が剰余価値と呼ばれる。人間の労働力は生産の客体的条件である生産手段と違って、主体的な労働によって新たな価値を生み出すことができるのである。資本家と労働者の市場取引は、労働力の価値にもとづく等価交換であったとしても、労働力には価値を生み出す能力があり、資本家はそれを利用することで剰余価値を生み出すことができるのである。このように労働力商品の価値と使用価値との矛盾から、等

図10　商品生産物の価値区分

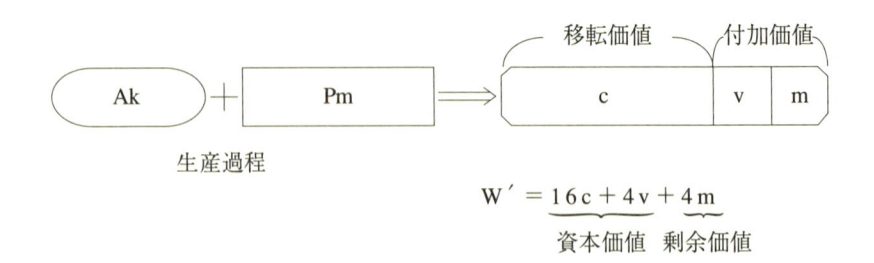

$$W' = \underline{16c + 4v} + \underline{4m}$$
資本価値　　剰余価値

（注）生産物価値には、生産手段からの移転価値cと労働力によって生み出された付加価値v＋mとが含まれる。投下資本価値は不変資本cと可変資本vとに分かれる。投下資本価値20を超える生産物価値の超過分4が剰余価値mである。

価交換を前提にして剰余価値の発生を論証したのは、K.マルクス[注13]の重要な経済学的功績である。雇用関係をたんに労働と賃銀との交換ととらえるだけでは、資本主義的生産の独自の意義は理解することができなくなるのである。

可変資本と不変資本との区別

　労働力の購入に当てられた価値は、生産過程で変化し増大するので可変資本と呼ばれる。これにたいして、生産手段の購入に当てられた価値は、生産過程で変化せずに生産物に移転するだけなので不変資本と呼ばれる。たとえば、不変資本の購入に当てられた価値を16単位、可変資本の購入に当てられた価値を4単位と仮定し、一日の労働時間が8時間ならば、生産された生産物価値は24単位の価値となる。生産過程への投入要素価値20と産出された生産物価値24と

の差額＝４単位の価値が剰余価値である。このようにして資本主義システムは、投入要素価値と産出物価値との差額を生み出すことができるのであり、それを剰余価値すなわち利潤として獲得するのである。だから利潤（＝儲け）とは、資本活動の成果としてみた剰余価値のことなのである（図10）。

第7章

市場経済なのに企業組織が拡大する

　前章で見たように、市場経済のなかで資本主義システムは労働力商品の価値とそれが産出する価値の差額として剰余価値を生み出すことができる。資本主義企業とは、価値増殖（お金を儲けること）を目的とした経済主体なのである。しかし新制度派経済学は、市場と企業とを生産要素の取引を行なう代替的方法と考えており、その境界を規定する基準を取引コストに求めている。ここでは、このような見方を提出したR.コース[注14]の説と、それを批判したアルチャン＝デムゼッツ説とを検討することによって、資本主義企業の成り立つ根拠について考えてみよう。

取引コストと企業組織

　はじめに、R.コース説の要点をまとめてみると次のようになる。(1)市場メカニズムを利用するには、取引相手を探して契約したり、契約の実行を監視したりする取引コストがかかる。いろいろな生産要素が必要になる生産は、市場をとおして多数の生産要素を調達していてはこのような費用がかさむことになる。そこでもし組織内で生産要素が調達できるならば、それらの費用を回避できるであろう。これが企業の成立する根拠になる、というのである。(2)市場メカニズムでは取引関係は競争により調整されるが、それにたいし企業組

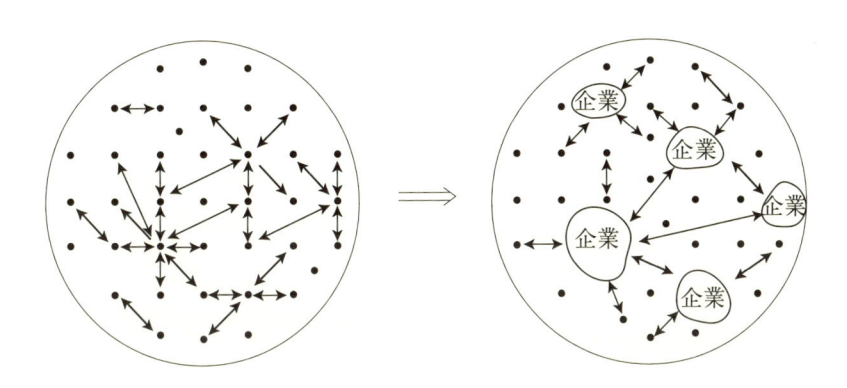

図11　市場取引から企業の内部取引へ

(注)　円内の黒点は私的な取引主体、記号 ←→ は取引関係を表わす。市場取引には取引コストがかかるから、もし右の図のように企業の内部取引になるならば取引コストが節約される。新制度学派の取引コスト経済学によれば、取引コストの相対比較によって市場取引か企業内取引かが決まるという。

織では企業家による命令によって調整される。(3)資本主義企業を成立させる契約には独自な性格があり、それは契約内容がすべて明示されるわけではなく、内容の詳細は企業家の事後的な命令に従わざるをえない、ということがある。たとえば労働者の雇用契約がその典型とされる。しかし(4)すべての生産が企業に集中するわけではないという。なぜかといえば、①企業内における調整には規模の拡大とともに収穫逓減が作用する、②組織における判断の失敗が増大する、③大規模組織への生産要素の供給価格が上昇する、などの要因が発生するからである。したがって、このような要因によって企業組織の拡大にも限界が画されるのである（図11）。

このようにコースによれば、生産要素の調達や調整には市場によるばあいと企業によるばあいとがあり、取引コストの相対比較によってそれらの適用される領域が規定される、というのである。このようなコース説の意義は、新古典派経済学と異なって市場を利用するコストを導入することによって、市場均衡が無条件的に達成されるわけではないこと、および取引コストを根拠にして市場に代わる企業組織の成立を説明したことにある。また、コースが企業組織の特徴として資本家＝企業家による命令や権限を認めていることは評価してよいと考えられる。しかしこのようなコース説には、企業の成立根拠を市場取引機能の代替と見る一面的なとらえ方や、経済制度を市場と企業の二元論でとらえる非歴史的理解という問題があるといえる（図12）。

チーム生産と情報コストの節約

 アルチャン＝デムゼッツの見解はコース説をさらに展開したものと理解されており、それに続いて発展した契約の経済学の嚆矢として位置づけられている。だが、アルチャン＝デムゼッツの理論は、コースによる企業把握をむしろ歪めている面があるように思われる。とくに問題だと思われるのは、企業を契約関係の集合としてとらえるのはよいとしても、企業による生産要素にたいする命令や権威をまったく否定している点は、企業を市場と同等なたんなる契約関係に解消してしまう危険があるのではないだろうか。
 彼らの所説によれば、企業は取引関係においてふつうの市場契約と異なる権威や命令＝相手を従わせる力を持ってはいない。たとえば、雇用主ができるのは、従業員との将来の取引を停止したり（つまり解雇する）、契約不履行で賠償を求めたりする（つまり懲罰する）ことができるだけだとされる。雇用主と従業員との取引関係は、消費者が食料の購入のために小売商と取引することと契約関係として

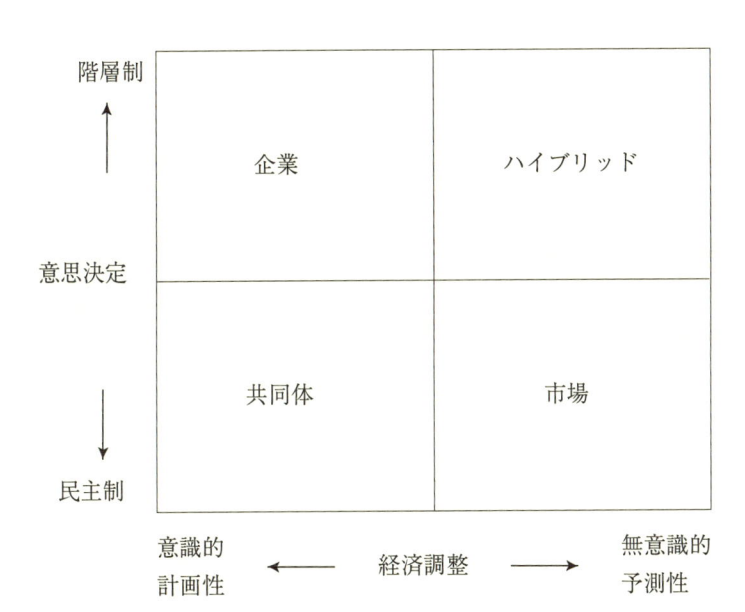

第7章　市場経済なのに企業組織が拡大する

図12　経済組織の社会的区分

```
階層制
 ↑
         │企業      │ハイブリッド│
意思決定  │         │           │
         │共同体    │市場       │
 ↓
民主制
         意識的  ← 経済調整 →  無意識的
         計画性                 予測性
```

（注）経済組織＝制度のあり方を、経済調整の仕方と意思決定の仕方とを基準として区別すると、四つの領域に分かれる。経済調整の仕方には意識的計画性と無意識的・予測的なやり方とがあり、また意思決定の仕方には民主制によるものと階層制によるものとがある。歴史的には、共同体的社会から市場経済、市場経済から資本主義企業へと変化してきたと考えられる。ハイブリッドとは企業と市場との中間組織である。この図式をベースにすると、社会主義経済は共同体の組織原理を生かす試みであったといえるだろう。

は同じことだ、というのである。

　では、企業家と従業員との関係の特徴はどこにあるのであろうか。彼らによれば、それは投入要素のチーム的使用にあり、企業家がチーム的生産過程の中心的契約者だという点にある。中心的契約者がチーム的生産を組織するばあいに、企業という組織が生まれるとされるのである。彼らの議論を要約すると、次のようになる。

　多数の投入要素の所有者が協力する組織は、個々人の生産性と報酬とを一致させるように運営することにより効率が確保される。もし報酬が生産性に一致しないならば、組織は怠業を免れないであろう。そのためには個々人の生産性を測定し、報酬を確定しなければならないが、それにはコストがかかる。市場取引では価格メカニズムが生産性を測定し報酬を分配しているが、企業内ではそれはどうやって行なわれるのであろうか。

　生産活動の基本的形態は、製品の組立ラインのように協業によるチーム生産である。チーム生産による生産物は協業の成果であり、個人的生産物ではないのでチーム・メンバーの個々の貢献を見分けるのは難しい。だから、個々人の生産性を測定して貢献を明らかにし、報酬を生産性に一致させることはチーム生産では困難なのである。個々人の生産性の測定は、仕事における行動を仔細に観察することで可能になるかもしれないが、行動の監視には費用がかかり、それゆえチーム生産では怠業の誘因は否定できないのである。しかしもし組織における監視費用が怠業による費用を下回り、生産性の純増が確保されるならば、チーム生産が効率的になるであろう。

　したがって、このようなチーム生産において怠業を減らすためには、誰かがチーム・メンバーの監視者になることが必要である。では、誰がなぜ監視者になるのであろうか。生産の投入要素の所有者たちが、チーム生産による生産性の純増＝残余生産物を監視者に譲渡することに同意するならば、監視者（企業家）として働く誘因が生じることになる。この監視の内容には、チーム・メンバーの行動の

測定、報酬の分配、およびメンバー構成の変更などが含まれる。要するに、監視者はチーム生産を効率的に管理することによって投入要素価格を超える利潤を稼ぐことができるのである。チーム生産のメンバーは、監視者に残余請求権だけではなく、チームを構成したり、活動を管理したりする権限を委譲する。だから企業家としての監視者は、従業員にたいするインセンティブや雇用契約を変更する権限を持つのである。このようにして、資本主義企業が成立するのは、監視者＝企業家によってチーム生産の怠業や情報コストを減らすことができるからだというのである。

契約説的企業論への批判

このような企業家とチーム・メンバーとの関係は、たんなる取引契約であるという彼らの見解は妥当なものであろうか。市場メカニズムではチーム生産にたいする監視は困難であり、そこで取引コストを節約するために企業が生まれる、という論理になっている。協業組織における効率を生み出すために、生産要素の提供者たちが管理の権限や残余生産物を企業の監視者に契約により譲渡する、とされるのである。だが、投入要素の所有者全体にたいし価格を支払うことができチーム生産を組織しうるのは、それだけの資本を所有している資本家である。資本家は協業によるチーム生産を管理することによって利潤を生み出すことができるから、企業を組織するのではないだろうか。彼らの説明では、近代社会においてなぜさまざまな生産要素の所有者が存在しており、なぜ権利が諸個人に不平等に配分されているのか、ということはまったく問題にされない。つまり資本主義企業が成立する歴史的過程が無視されているのである。企業はなるほど契約関係の集合ではあるが、資本を集積した中心的契約者＝資本家が発生しなければ形成されないのである。

また労働者の雇用契約とたんなる商品の売買契約とを同一視する

ことはできない。雇用契約を結ぶ前提として、生産手段の所有者と非所有者という階級関係が存在していることを看過してはならない。労働にたいする指揮・管理の権限や残余生産物にたいする所有権は、もともと生産手段の所有者である資本家に属しているのである。これらの権利は取引契約によって譲渡されたのではなく、資本主義的私的所有のもとでは、はじめから労働者は主張できない立場に置かれているといわなければならない。それゆえに、企業をどのように組織するかの権限は経営権に含まれているのである。

第8章

なぜ物質的豊かさを追求するのか

　資本主義システムのもとでは物質的豊かさが際限なく追求されており、地球環境問題や南北問題、都市と農村との対立、さらには資源の有限性を身近な問題として提起している。ところが、これらの諸問題が深刻さを増しているにもかかわらず、資本主義システムは物質的豊かさをあたかも自己目的であるかのように追求している。

　たしかに物質的富がなければ市民生活は営まれないが、物質的豊かさを追求することによって精神的生活が豊かになり、また社会問題が解決するというわけでもない。それにもかかわらず、資本主義システムのもとで物質的豊かさが際限なく追求されているのは、なぜであろうか。

　その理由は、資本主義システムは利潤の最大化を規定的目的としており、利潤を最大化する確実な手段＝方法が物質的豊かさを提供し続けることにあるからである。松下幸之助の「水道哲学」が述べているように、安価な商品を湯水のように溢れさせることができれば、市場が広がり利潤は確実に増大するであろう。このように物質的豊かさは、剰余価値＝利潤の最大化を追求することの結果としてもたらされているのである。

　だから、資本主義がなぜ際限のない物質的豊かさを追求するのかを理解するためには、剰余価値の生産方法に立ち入らなければならない。

剰余価値を増大させる方法

資本主義の目的である剰余価値＝利潤の量は、何によって決まるのであろうか。剰余価値率は$m'=m/v$であり、これを変形すると$m=v×m'$となる。この式の意味は、剰余価値＝利潤の量は可変資本の大きさと剰余価値率との積によって決まる、ということである。可変資本の大きさにより雇用される労働力の量が決まってくる。また剰余価値率は労働生産性に比例して上昇する傾向がある。要するに簡単にいえば、剰余価値＝利潤の大きさは企業の生産規模と生産性によって規定されるということである。

剰余価値＝利潤を増大させるための方法を、次の図を用いて説明しよう。

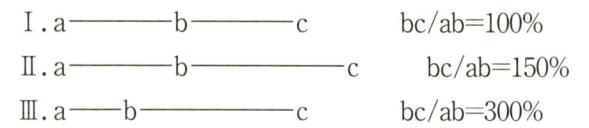

Ⅰ. a————b————c　　　bc/ab=100%
Ⅱ. a————b——————c　　bc/ab=150%
Ⅲ. a——b——————————c　　bc/ab=300%

この図の線分abは労働力の価値＝賃金を生み出すのに要する必要労働時間を表わしている。それにたいして線分bcはそれを超過した剰余労働時間であり、それによって剰余価値＝利潤が生み出されるのである。だがもし不況によって労働時間が短縮されて、一日の労働時間がabにすぎなくなれば剰余価値は生じない。したがって剰余価値が生産されるためには労働時間がab以上に延長されること、この図でいえばacであることが必要条件なのである（図13）。

ケースⅠのように一日の労働時間が8時間でab=bcならば剰余価値率は100%である。またこれを労働分配率bc/acで表わせば50%となる。ところで、人間の働く時間には柔軟性があるので2時間延長されて、一日10時間労働になったと仮定してみよう。そうすると、ケースⅡのように剰余労働時間bcが6時間になる。必要労働時間が変わらないとすれば、剰余価値率は150%に増大するのである。生産

第8章 なぜ物質的豊かさを追求するのか

図13 剰余価値＝利潤の増大方法

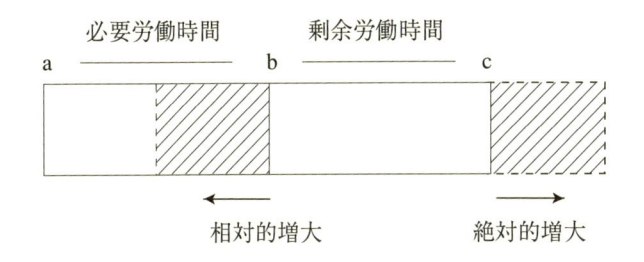

```
        必要労働時間      剰余労働時間
    a ─────────── b ─────────── c
    ┌──────┬──────┬──────────┬──────┐
    │      │▨▨▨▨│          │▨▨▨▨│
    └──────┴──────┴──────────┴──────┘
              ←────        ────→
             相対的増大     絶対的増大
```

（注）剰余価値＝利潤の大きさは、必要労働時間を超えた剰余労働時間に規定される。したがって、労働時間を延長して絶対的に増大させるか、生産性を向上させて相対的に増大させるかが資本主義企業にとっての選択肢となるが、現実には、同時に両方のやり方が追求されている。

規模が変わらないとしても、たんに残業により労働時間を延長するだけで利潤は増大するといえる。これを剰余価値の絶対的増大という。資本主義企業は利潤の最大化を目的としているから、社会的規制がなければ労働時間をどこまでも延長する傾向があるであろう。そこで、工場法や労働基準法が労働時間の社会的基準を定めて規制しているのである。これは労働条件の改善を目指した労働組合運動のひとつの大きな成果なのである。

では労働時間が社会的に規制されているとすれば、どうやって資本主義企業は利潤の増大を図ればよいのであろうか。ケースⅢでは必要労働時間が半分になり、一日の労働時間が変わっているわけではないのに剰余価値率は300％に増大している。なぜこうしたことが可能になるのかといえば、それは生産性が増大して必要労働時間が半分になったからである。労働者の生活に必要な消費財生産部門

の生産性が改善されるならば、こうした剰余価値の増大が可能になるのである。これを剰余価値の相対的増大という。

以上の二つの方法によって、資本主義企業は利潤最大化のための競争を行なっているが、これを少し具体的なケースで考えてみよう（図14）。ある産業部門でA企業、B企業、C企業があり、しのぎを削って競争しているとしよう。それぞれの企業には生産条件の格差があり、A企業が上位、B企業が中位、C企業が下位になっていると仮定しよう。ある製品の価格は市場では競争によりひとつに均等化される（いわゆる一物一価の法則）。生産条件の格差は製品の生産コストに反映するから、A企業では生産コストが低位、B企業では中位、C企業では高位となるだろう。いま需給関係が均衡しており、製品の市場価格が中位の生産条件で規定されるとすると、A企業には平均以上の特別利潤が発生し、C企業には平均以下の利潤しか手に入らないことになる。もしA企業が特別利潤を再投資して生産を拡大すれば市場価格が低下し、生産条件の不利なC企業は利益が上げられなくなり、市場から脱落してしまうかもしれない。このように特別利潤の獲得を目指して、各企業は生産条件の改善を図っているのである。これをプロセス・イノベーションと呼んでいる。また、市場にこれまでにない新製品を供給することができるならば、競争相手が現われるまでは独占的利潤を獲得できる。これがプロダクト・イノベーションである。景気が低迷している時期には、プロダクト・イノベーションが新投資のきっかけになる。それゆえに、現在さまざまなベンチャー・ビジネスの創業支援策が行なわれているのである。

生産システムの歴史的段階

このように資本主義システムは利潤の最大化を目的としており、そのための梃子として物質的富の生産力を高める競争を行なわざる

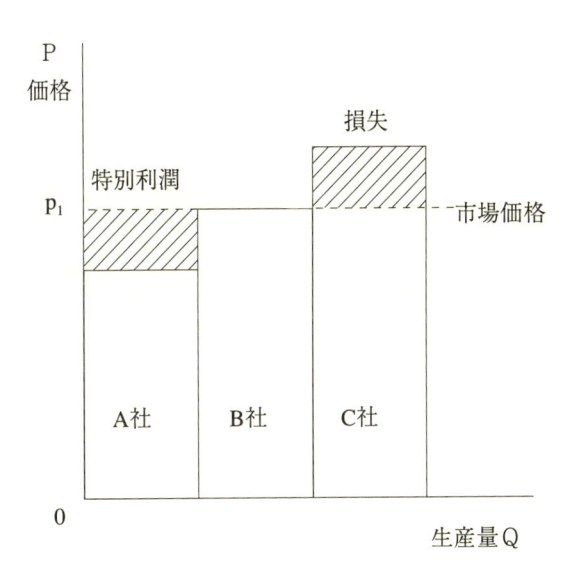

第8章　なぜ物質的豊かさを追求するのか

図14　産業内競争による特別利潤の取得

(注) ある産業内での競争について考えてみよう。A社、B社、C社には生産条件の格差があり、グラフの高さが生産コストの差を表わしている。市場価格が平均水準のB社の生産コストで規定されているとすれば、A社は図の斜線部分を特別利潤として取得できる。これにたいして、C社は平均以下なので斜線部分が損失となる（生産コストにm部分が含まれていることを前提している）。

をえないのである。歴史的に見ると、資本主義における生産力の規定要因としては①協業、②分業、③機械体系が重要であった。もちろん自然的条件や地理的条件も重要であるが、生産システムの発展段階としては、(1)単純な協業、(2)分業によるマニュファクチュア、(3)機械体系による工場制度の三段階を区別できるであろう。

(1)単純な協業（初期マニュファクチュア）

資本主義においては、多数の労働者が資本家のもとに集積され協力して作業を行なうようになる。これが協業である。同じ作業をするにしても、時間的・空間的に多数の人間が集まって集合力を発揮するならば、個別労働力の総計以上の社会的生産力が生み出される。すなわち単純協業が組織されるだけで、結合労働の社会的生産力＞個別生産力の総計となるのである。それゆえ資本家が協業を組織することによって社会的生産力を形成するならば、より多くの剰余価値を獲得できることになる。このような協業において、生産活動の全体を調整したり、企業の目標に従って労働者が行動するように指揮・統制する必要が生じる。そこから支配人や監督者という管理階層が発生してくるのである。

(2)マニュファクチュア（分業による手工業）

同一の生産物を生産するための作業全体が、いくつかの特殊的工程に分割されて、部分労働者に担われるようになる。これは社会的分業ではなく企業内の分業である。部分労働者は特殊的工程についての熟練が高まるが、労働内容は部分的になるので一面化する。労働が分割され、特殊的工程が有機的連関のもとに空間的に配置されると、労働の規則性、一様性、連続性、相互依存性、および強制力が生み出されるようになる。そしてまた作業の休止時間や半製品の運搬時間が短縮される。このようにして労働密度が高まり、労働生産性が上昇するのである。しかし、労働者は部分的熟練が高まるけれども全体性を失い、マニュファクチュアのもとでしか労働できないことになるのである。

(3)機械制大工業（機械体系による工場制度）

　工場制度のもとになる機械は、原動機、伝動機構、作業機から構成されている。18世紀末からの産業革命は綿紡績業の作業機の発明を契機とした。作業機とは人間に代わって生産物を作る作業を行なうメカニズムであり、機械は人間から独立した客観的運動機構であるから、人間の力に制約されない生産力の飛躍的発展が可能になったのである。

　機械を技術的基礎として資本主義企業に固有な生産組織である工場制度が形成される。工場制度のもとでは、労働者は自動的運動機構の付属物になり、労働は不熟練工でも可能な単純労働になる傾向がある。しかし他方で、技術発展とともに生産工程の改善や新製品の開発を行なう技術者や管理者の階層が増大する。なぜなら、技術革新が特別利潤を生み出す主要な梃子となるからである。現場労働者は専門性を失うが、変化の激しい大工業の本性に規定されて多面的能力を要請されている。だから、機械技術の発展が目覚しいとはいえ、人間能力の発達が大工業の発展を支えている点を見失ってはならない。

第9章

どうして耐久消費財が普及するのか

　20世紀はアメリカ的生活様式が普及した世紀として特徴づけられる。アメリカ的生活様式とは、大量生産にもとづく自動車や家電製品、個人住宅、ラジオやテレビなどのマスメディアによって囲まれた小市民的生活といえるだろう。19世紀の資本主義は繊維工業や金属・機械工業を基軸としていたが、国内市場を狭隘にしたまま外国市場に進出していった。それが帝国主義的対立や経済恐慌を深刻なものとしたのである。これにたいして、20世紀中葉からの資本主義は高価な機械製品の多くを安価な耐久消費財に変化させ、労働者大衆の生活様式の小市民化を伴いつつ、国内市場の拡大を経済成長のひとつの梃子とするようになったのである。もちろん資源の確保や新市場の開拓、資本進出など世界市場での競争は厳しいものがあるが、この章では、どうして耐久消費財が普及したのか、なぜ耐久消費財が現代の資本主義にとって重要なのか、という問題について論じよう。

大量生産とフォードシステム

　マニュファクチュアには原材料を段階的に加工する有機的生産方法と、多種多様な構成要素を組み合せる異種的生産方法とがある。19世紀において産業革命を主導し機械体系による工場制度を確立し

たのは、おもに繊維工業や金属工業などの有機的生産方法にもとづく産業であった。これにたいし機械工業などの異種的生産方法にもとづく産業は熟練工に依存しており、機械化は遅れていたのである。20世紀の初期に成立したフォードシステムは、異種的生産工程を機械化した生産システムとしてとらえることができる。マニュファクチュアでは分業により細分化された生産工程は、特殊的熟練を持つ部分労働者によって担われるが、フォードシステムにおいては特殊化された専用機械によって担われる。耐久消費財としての自動車の大量生産を可能にしたのがフォードシステムであり、その本質を理解することは、今日の産業社会のあり方を考えるうえで重要であろう（図15）。

　自動車製造業の生産工程は、大別すると(1)部分品の製作、(2)ユニットの組立、および(3)完成車組立に分かれる。

　機械製作の初期には、汎用工作機械でいろいろな部品が製作されていた。このような汎用工作機械は熟練工によって操作されていたが、部品の生産数量が増加し汎用工作機械がある特定品目の生産に特化するようになると、汎用機が単能機として使用されるようになる。機械本体に治具や取付け具を用いることで機械の機能が特定化・単能化され、こうした単能機は不熟練工でも操作できるようになった。さらに大量の複雑な部品を生産するためには専用機が製作されるようになった。このような機械を体系的に配列することによって、異種的生産工程に対応した機械体系が形成されたのである。

　多様な部分品を組み合せて完成品を作るためには、部品の標準化・規格化が行なわれていなければならない。部品が標準化・規格化されることにより、それらの組立作業が容易になるし、製品の修理も簡単になる。標準化・規格化によって部品の大量生産が可能になるとともに、それらを組み合せて機械の標準製品を大量生産できるようになるのである。このような製造方法を互換性部品生産といい、機械工業における大量生産を可能とした中核的技術なのである。

これをアメリカン・システムともいうが、それは19世紀の中葉にアメリカの銃器製造業においてはじめて実用化されたからである。

部分品はそれぞれの専用機で製作されるが、最終製品の組立ラインの生産速度に同期化されて供給されなければならない。生産工程間の連結にはベルト・コンベアが用いられるが、このベルト・コンベアは部分品のたんなる搬送機構ではなく生産速度の調節機構になっている。いろいろな生産作業は、最終組立ラインのベルト・コンベアの速度によって規制される。異種的生産工程は同期化することで連続的生産が可能になるのである。

テイラー・システム注15では人間の作業を分析して作業の標準化を行ない、それにより生産過程を科学的に管理しようとした。これまでの経験的熟練に依存した生産工程を標準作業にもとづく生産工程に転換しようとしたのである。しかし、それにたいする熟練工の抵抗は根強いものがあった。これにたいしフォードシステムでは、作業の標準化を進めるだけではなく特殊的工程に専用機械を導入して熟練労働を排除し、連続する作業をベルト・コンベアによって規則的・連続的に進捗させるようにしたのである。

このようにフォードシステムは、①機械の専用化、②部品の標準化、③生産の同期化、および④労働の単純化を技術的基礎として形成されたのである。これらの技術を結合することによって、複雑な機械製品の大量生産がはじめて可能になった。フォードシステムは高級品であった機械製品を大衆の購入できる耐久消費財に転換したのであり、20世紀の大量生産・大量消費の時代を切り開いたといえる。すなわち大量生産によって製品単価を低減するとともに、大量消費を可能にすることで、さらなる大量生産を可能にするという、生産と消費の好循環を生み出したのである。図式化すれば、大量生産→安価な商品→有効需要の創出→利潤の増大→拡大投資→さらなる大量生産という内包的な発展様式が形成されたといえる。現代資本主義は大量生産方式を生産力基盤とすることで、有効需要を自ら

第9章　どうして耐久消費財が普及するのか

図15　フォードシステムの生産工程

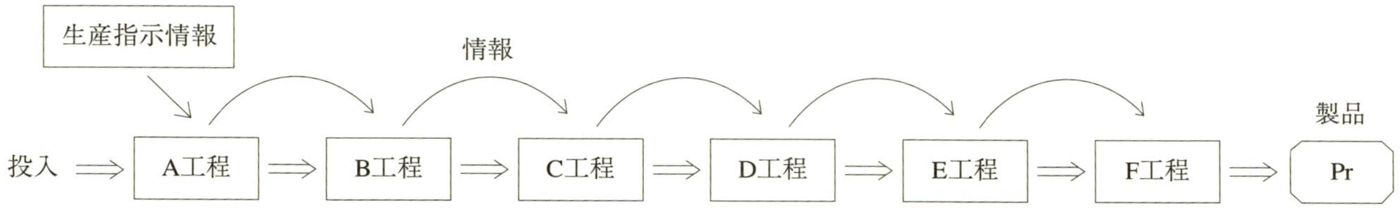

生産指示情報 → A工程 ⇒ B工程 ⇒ C工程 ⇒ D工程 ⇒ E工程 ⇒ F工程 ⇒ Pr
投入　　　　　　　　　　　　情報　　　　　　　　　　　　　　　　　　　製品

(注)　生産指示情報は製品の販売予測にもとづいて作成され、生産工程の始点に与えられる。そして情報は生産工程の順に流れてゆく。各生産工程の大半はフォードの内部部門となっている。垂直統合型企業組織といえる。

図16　トヨタシステムの生産工程

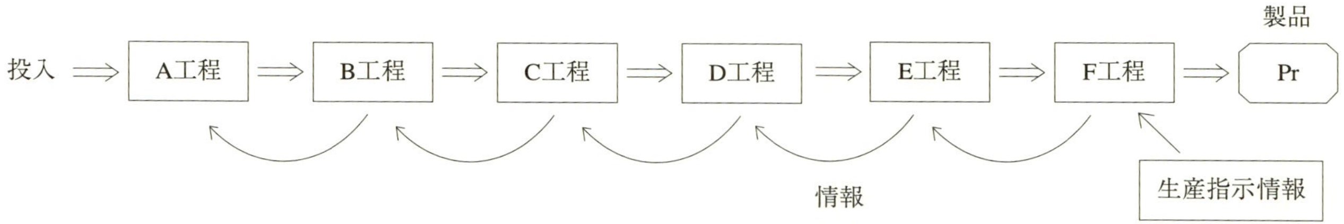

投入 ⇒ A工程 ⇒ B工程 ⇒ C工程 ⇒ D工程 ⇒ E工程 ⇒ F工程 ⇒ Pr
　　　　　　　　　　　　　情報　　　　　　　　　　　　　　　↑
　　　　　　　　　　　　　　　　　　　　　　　　　　　　　生産指示情報
　　　　　　　　　　　　　　　　　　　　　　　　　　　　　　　　　　製品

(注)　生産指示情報は製品の受注データにもとづいて作成され、生産工程の最終工程に与えられる。そして「かんばん」をとおして前工程に流れてゆく。生産工程の主要工程以外は、系列・下請企業に依存している。トヨタはグループ型企業組織になっている。

69

創出しながら成長することが可能となったのである。しかしそこには、単一の標準製品、労働の細分化、生産工程の統合化による固定資本投資の膨大化という問題が含まれていた。市場が成熟し製品の多様化が求められる時代になると、その限界が現われたのである。

多品種少量生産とトヨタシステム

1970年代になると資源の制約や環境問題から日本製小型車が燃費効率や低価格によって世界的に注目を集め、市場を拡大していった。そして1980年には、日本が自動車の生産台数で世界一を記録するまでになったのである。その秘密はどこにあるのであろうか。トヨタ生産方式が世界的な注目を浴びるようになったのは、この時期であった。

トヨタ生産方式の二本柱は、ニンベンのついた「自働化」とジャスト・イン・タイムといわれている。この両者は生産におけるムダ、ムリ、ムラをなくす方法といえる。トヨタは、戦後の激しい労働争議を伴う経営危機から朝鮮戦争によるトラック需要によって立ち直ることができた。トヨタでは復興の当初から、トラックや乗用車の複数車種を混合生産することを余儀なくされていたので、少ない資源をいかに効率的に組み合せて生産するかに努力せざるをえなかったのである（図16）。

ここでいう「自働化」とは、機械に自動停止装置をつけることであり、それによって作業者がたえず機械を監視する必要をなくすことである。これによって、機械の多台持ちや多工程持ちが可能になる。これまでの機械工の専門的熟練が否定されるとともに、作業者は複数の異なった機械を担当する多能工になることが要請されるようになったのである。

ジャスト・イン・タイムとは、必要な部品を、必要な時に、必要なところへタイムリーに配送することである。自動車は約2万点の

部品から構成されるが、その多数の部品や資材が必要なときに必要なところに供給されなければ、生産は進捗しない。トヨタでは、後工程引き取りが原則とされ、「かんばん[注16]」の指示によらなければ生産してはならないとされる。これは見込み生産による作りすぎのムダを防ぐためであった。従来の生産方式では、生産計画に従い生産指示が前工程に出され、それが順々に後工程に流れるようになっていた。トヨタ方式ではこれを逆転し、後工程が必要な中間製品を必要なだけ前工程に引き取りに行くことにしたのである。それによってムダな在庫を防ぎ、作りすぎのムダをなくしたのである。このやり方は従来のpush方式にたいして、pull方式と呼ばれている。

　変動する需要に対応して生産品目を変更するためには、一度に生産するロットをなるべく小さくしなければならない。そのためには機械の段取り替えを短時間で行なわなければならない。かつては段取り替えに一日かかっていたが、今では10分以内での段取り替えが可能になっている。それによって生産が平準化し、生産のムラがなくなるのである。

　トヨタによれば、合理化は省力化→省人化→少人化という方向に進まなければならないという。なぜなら、生産性の向上により省力化しても、人を減らす省人化をしなければコストは下がらないからである。また少人化とは、生産ラインに定員を設けずに、生産量の変動に応じて労働力を増減することであり、そのための工夫がU字型ラインである。

　トヨタの見方によれば、労働＝働き＋ムダであり、人間労働のうち本来の付加価値を生み出す働きは労働の一部にすぎないとされる。労働に含まれるムダをなくして、労働を付加価値を生み出す本来の働きにしなければならないのである。このように標準作業はムダをなくした合理的作業とされており、テイラー主義の原則が否定されているわけではない。

　また「流れ作業」とは、中間製品が流れているときに付加価値が

付け加えられることであり、複雑な生産工程全体に流れを作り出すことを意味している。作業の流れを作り出すことによってはじめて「流れ作業」が可能になるのであり、「かんばん」はそのための手段にすぎない。だから、中間製品の搬送それ自体は「流れ作業」に含まれないのである。

　以上のような仕組みによって、トヨタ生産方式は製品の多様化や需要変動にたいして適応力を発揮しているが、その革新性は生産を組織し編成する独自のやり方にあるといえるであろう。

第10章

給与はどうやって計算されるのか

　日本では労働者にたいする賃金は給与と呼ばれている。給与とは、語源はおそらく会社から労働のお礼として労働者に「与え給う」ものという意味であろう。ここには近代的な契約関係ではなく、家父長制的な保護・従属のニュアンスが感じられる。しかし日本社会では、賃金のことが給与といわれていることに誰も違和感を抱いているようには見えない。これは日本人の謙虚さか近代的な権利意識の希薄さではないかと思われる。賃金水準に関してあれこれいうのは、雇用されている者としては、はしたないことなのかもしれない。だが、給与＝賃金とは何であり、どのようにして決まっているのかということは、われわれが生活していくうえで死活問題といえる。そこで給与＝賃金とは何であり、どのようなやり方で計算されているのかについて論じよう（以下では煩雑なので賃金とする）。

　賃金は何で決まるのか

　賃金は労働の提供にたいして支払われるので、正確には労働賃金と呼ばれる。では賃金の大きさは何によって決まるのであろうか。新古典派経済学では、労働者の限界生産性が賃金水準を上回るばあいに、企業はその人を雇用すると考えている。労働者の限界生産性とは、追加的に雇用される労働者が生み出すことのできる限界生産

物の価値で計測される。要するに企業からすれば、労働者にかかる費用とそれが生み出す収益とを比較して、収益＞費用ならば利潤が発生するので労働者を雇用したほうが利益になるのである。もし限界生産性が賃金水準よりも低いならば、そのような労働者は解雇されることになる。なぜなら、そのような労働者を雇用しても利潤が生まれないからである。このような説明は限界効用と限界費用とが均衡する点で生産量と価格水準が決まるという、価格メカニズムを労働市場に適用したものだ、ということはすぐに分かるだろう（図17）。

　しかし、では労働者の限界費用は何によって決まるのであろうか。労働者が働いてもよいと考える価格水準は、その社会での生活水準に規定されているであろう。先に労働力の価値規定について述べたが、それは労働者が生活し再生産されるための費用によって決まってくる。必要な能力を持つ労働力が継続的に市場に供給されるには、そのような労働力を再生産する費用が負担されなければならないのである。このような考え方から、古典派経済学は賃金の大きさは、その社会における労働者の生活費によって規定されるとしたのである。しかし、ここで注意しなければならないことは、賃金は労働の対価として支払われるが、労働が生み出した価値のすべてが支払われるわけではないことである。賃金水準が限界生産物価値に等しいとすれば、雇用された労働者の生産した限界生産物価値の総計は賃金額を上回っており、その部分は企業の利潤となる。労働者の雇用される条件は、労働の限界生産物価値が賃金額を上回ることであるから、賃金は労働にたいする対価というよりも、正確には労働力を使用する権利にたいする対価だと考えられるべきであろう。

賃金形態の歴史的展開

　次に、具体的に賃金の計算方式・諸形態にはどのようなものがあ

第10章　給与はどうやって計算されるのか

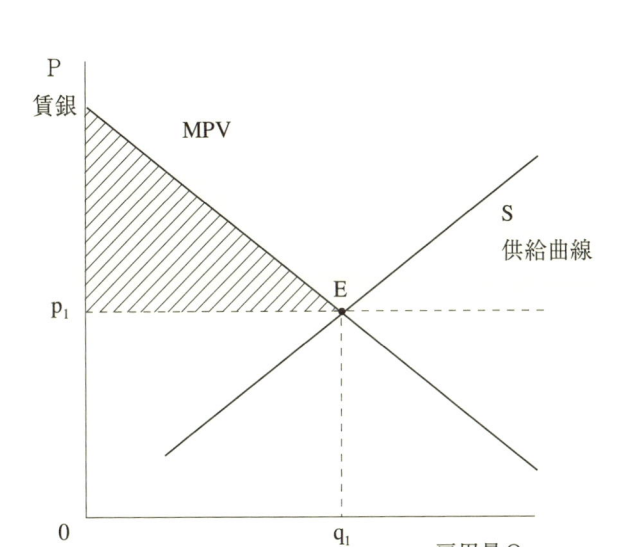

図17　労働の限界生産物と賃銀水準

(注) 労働の限界生産物価値（MPV）は、生産性の高い労働者から順に雇用されるとすれば逓減の傾向を持つから右下がりの曲線になる。労働の供給価格との交点Eで、賃銀水準p_1と雇用量q_1とが決定される。なぜなら雇用量q_1の右側では、限界生産物価値が賃銀額を下回り利潤がえられないからである。労働者に支払われる賃銀額を超える限界生産物価値の総計（図の斜線部分）が、企業の利潤となる。

るかを説明しよう。

(1)時間賃銀（すべての賃銀の基本形態）　これは働いた時間、日、週、月などに応じて支払われる賃銀のことである。貨幣で表わした賃銀を名目賃銀といい、使用価値＝生産物で表わした賃銀を実質賃銀という。また付加価値のうち利潤との相対比較で見た賃銀を相対賃銀という。たとえば、一日8時間労働の価値生産物を8000円、労働力の再生産費を一日4000円とすると、日賃銀は4000円、利潤は4000円となる。

　支払いを受ける賃銀額といわゆる「労働単価」とは異なった動きをすることに注意しなければならない。この労働単価とは、労働力の日価値（日賃銀）÷一日の労働時間であり、上の例では500円となる。賃銀額は労働単価×労働時間によって計算される。だから、もし労働時間が一日10時間に延長されるならば、日賃銀は5000円になる。だが賃銀額は大きくなるが、労働単価は変化していない。本来、時間外労働の増大には、割増しの賃率が適用されなければならない。労働基準法では五割増しが規定されており、日賃銀は5500円になるはずである。その根拠は労働力の消耗率が高まることにたいする補償である。

(2)出来高賃銀（19世紀型）　出来高賃銀は製品の数量にたいして支払われるが、本質は時間賃銀を製品の生産数量で割ったものである。これによって製品単位あたりの賃銀が計算される。たとえば、上記と同じ仮定のもとで熟練工が一日8個の製品を仕上げるとすれば、製品単価は500円となる。製品単価×製品数量＝出来高賃銀額となる。製品単価は製品の生産に必要な労働費用を表わしており、製品に含まれる価値＝労働量を表わしているのではない。この出来高賃銀は熟練工の自律性の基礎になっていた。もし熟練工が生産方法を工夫して生産数量を増やすことができるならば、賃銀が増大するのである。しかしながら、生産数量の増大とともに資本家は製品単価を切り下げようとした。もしそうしなければ、市場競争のなかで利

潤が減少せざるをえないからである。それにたいし熟練工は怠業によって抵抗した。ここに製品単価の引き下げをめぐっての労使対立が激化したのである。

　(3)能率給（20世紀前半型）　労働者の組織的怠業に直面した資本家は単純な出来高給を改め、仕事の能率を刺激するさまざまな能率給を工夫した。ハルシーやローワンの割増給やテイラーの差別出来高給がこれに当たる。割増給とは、仕事時間の短縮にたいして割増金を支払うことによって仕事の能率を刺激するものであるが、仕事の能率上昇に伴い割増率を低下させるものである。またテイラーの差別出来高給は標準作業の設定に結びついたもので、標準作業時間以下ならば製品単価を上げ、それ以上かかるならば製品単価を下げるというものである。これによって生産能率は上昇するが、標準以下の能率しか上げられない労働者は仕事を辞めざるをえなくなる。能率給は労働者に刺激を与えながら、賃銀上昇を抑制する賃銀システムといえる。したがって、一時的に生産に刺激を与えることができても効果には限界がある。

　(4)職務給または職能給（20世紀後半型）　機械制大工業の発展により大量生産が可能になったが、それとともに従来の熟練工の職種が解体し、企業内での職務にまとめられた。したがって、これまでの職種別の賃銀システムが不可能になり、職務の評価にもとづく賃銀制度が工夫された。企業内のさまざまな職務は職務分析によって点数で評価された。要するに、職務ごとの責任・知識・経験・肉体的負担などの要素を点数によって評価し、それにもとづいて評価点数が賃銀額に換算されたのである。しかし、もともと職務要素の相対評価は困難であるし、ある職務がいくらに相当するかは客観的に決めようがないのである。だから、じっさいには職務別に支払うべき金額を想定して職務要素に分割しているにすぎないといえる。職務ごとに賃銀額を決めることで、経営側の裁量権が高まるのである。

　ところが、わが国では職務給はあまり広まらなかったといわれる。

なぜなら、職務分担が曖昧なのが日本企業の特徴であったからである。そこで厳密な職務給体系よりも、わが国では個人の職務遂行能力を基礎にした職能給が広範に用いられることになった。

　(5)年功給（独占成立期に重工業部門で成立）　20世紀初頭からの重化学工業化にともない熟練工への需要が高まったが、これまでの職人層では質的・量的に対応が困難であった。そこで独占的大企業は、工場内で新卒の養成工を教育訓練することにし、2－3年は学科を教え、4－5年は現場で実地訓練を行なったのである。また年功加給、退職金制度、共済制度、さらに役付きへの昇進などにより、熟練工の企業内への定着を図った。初任給プラス年次昇給、または学歴プラス勤続年数が年功給の基本である。年功給では労働の熟練度に対応して賃銀が増大しているように見えるが、若年者には年功を理由に賃銀を抑制している面があるといえるだろう。新古典派経済学は、若いころの限界生産性を下回る賃銀水準が労働者の長期雇用によって補償されるとして年功給の合理性を説明している（図18）。だが、現在では年功制が労働力の流動化を妨げる要因になっていると指摘され、業績主義・成果主義による年俸制への転換が図られている。

　業績主義・成果主義とは、会社の上げた利益と賃銀負担とを連動させる制度であるが、その運用にあたって問題が山積している。たとえば、労働者の業績や成果をどのように客観的に評価するのか、個々人の業績や成果と会社の利益とをどのように相関させるのか、また長期的利益に結びつく会社への地道な貢献をどのように評価するのか、などの点がはっきりしていない。それでも年俸制の適用は技術者・管理者を中心に確実に広がる傾向を見せている。業績や成果の評価が収入に直結するようになれば、人の流動化が進むかもしれないが、日本企業の得意とする協力関係が失われるリスクがあるといえるだろう。

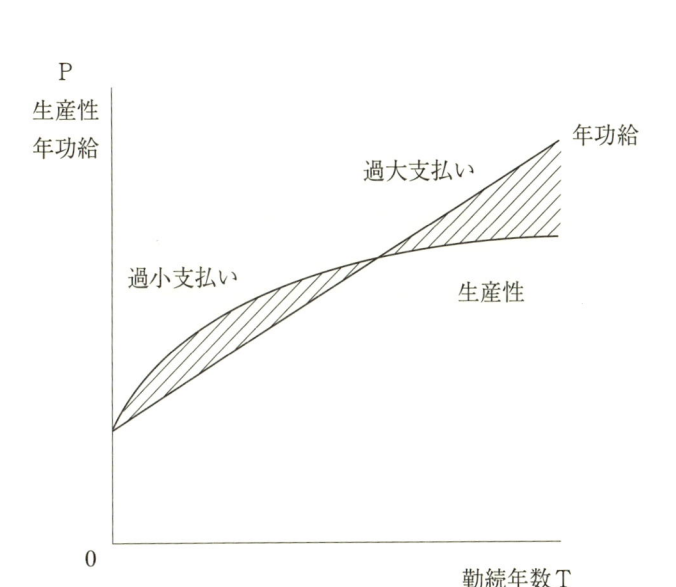

第10章　給与はどうやって計算されるのか

図18　労働者の個別生産性と年功給

（注）新古典派経済学によれば、労働者の賃銀は労働者の個別生産性に応じて支払われることになっている。しかし日本の年功給制度では、若いころには生産性以下で支払われ、中高年になって生産性以上で支払われているという。それによって労働者の長期勤続が有利になり、企業特定的熟練が高まり独自の生産性を生み出していると、その合理性が説明されている。この説の当否を問わないとしても、中高年者がリストラの対象になる理由はよく分かる。

II 資本主義システム

第11章

経済が成長しても失業が増える

厳しい雇用環境

　労働力にたいする需要は、資本家が労働力を雇用して支払う賃銀額よりも労働力が生み出す限界生産物の価値が高いかぎりで生じる。なぜなら、限界生産物価値＞賃銀額ならば、企業に利潤が発生するからである。では労働者はなぜ労働力を市場に供給するのであろうか。それは自分や家族の生活を維持しなければならないからだ、ということはいうまでもない。労働力の供給価格すなわち賃銀額はその社会での生活費によって決まってくる。しかし賃銀は高いに越したことはないが、生活のためには少々低くても雇用先を確保することがまず先決である。現在日本の労働力人口は約6500万人ぐらいであるが、350万人を越える完全失業者がいるし、アルバイトやパート、派遣社員、契約社員などの不安定雇用者は1000万人に達している。経済が成長すると雇用が増えるので、失業問題は解消するといわれてきたけれども、実情はなかなかそのようになっていない。また高校や大学の新卒者の就職状況は戦後最悪となっている。2003年の就職内定率は10月1日現在で、高卒33.4％、大卒64.1％にすぎないのである。フリーターが増えて200万人を超えているといわれているが、この就職難ではますます増えるかもしれない。このように若者が将来を託すことのできる仕事に就けなければ、21世紀の日本社会

第11章　経済が成長しても失業が増える

は希望のないものになってしまうかもしれないのである。

失業問題のとらえ方

　新古典派経済学では、労働力にたいする需要と供給とが一致する点で雇用量が決まるとしている。そのばあい失業が発生するのは、需要＜供給となっているからであり、失業をなくすには需要を増やし供給を減らせばよいことになる。企業が雇用を増やす条件は労働者の生み出す限界生産物価値＞賃銀額だから、賃銀水準を切り下げることが雇用を増加させる有効な政策だ、ということになる。すでに政府や財界は「賃銀水準の切り下げによって雇用を守る」と発言するようになっている。しかし雇用状況の悪化のなかで、すでに賃銀は低下傾向を見せているし、中高年者のリストラは積極的に進められている。労働力は人間の持っている能力であり、人間は生活のためには少々賃銀が低かろうが働かなければならない。労働力はほかの生産物と違って、需要が低下したからといって捨て値で販売したり、廃棄したりできるものではないだろう。だから市場メカニズムによって需給関係がスムーズに調整されるということは、労働力に関しては困難なのである（図19）。労働力を販売しなければ、市場経済のなかで人間は生活できないのであるから、労働力の供給圧力は不断に生じていると考えなければならない。労働市場に関しては、ほかの商品市場と違っていつでも供給過剰の傾向があるといえる。そこに資本主義経済の登場以来、失業問題・過剰人口問題が解決しないひとつの根拠がある。

　過剰人口問題については、大きく分けて二つのとらえ方がある。労働人口の増大にたいして、自然条件に制約される食糧生産の増加が遅れるので絶対的欠乏が生じ、それで人口が過剰になるという説を絶対的過剰人口論という。しかし、土地や天然資源は制約されているとはいえ農業技術の改善により食糧は増大しているのであり、

食糧が絶対的に不足しているとはいえない。これにたいして雇用機会を提供するのは資本主義企業であり、資本主義企業は競争のなかで生産システムを改善し生産性の向上を競っており、そのために労働力にたいする需要が相対的に減少し失業が発生する、という説を相対的過剰人口論という。現在の失業や不安定雇用の増大をとらえるには、絶対的過剰人口論は有効ではなく、資本蓄積のあり方と関連させて考えなければならないであろう。

資本構成というとらえ方

では企業側の労働力にたいする需要の大きさは、何によって決まってくるのであろうか。企業の規模により雇用量は基本的に決まってくるが、企業規模はこれまでの資本蓄積の大きさに規定される。資本蓄積とは何かというと、企業が獲得した利潤の一部を利害関係者（株主や債権者）に分配せずに内部留保し、生産活動に再投資することを意味している。企業は利潤を最大化するだけではなく、利潤の一部を再投資することによって生産規模を拡大する競争を行なっている。なぜなら、生産規模の拡大によって生産性向上が図れるし、市場シェアを拡大できるからである。企業が資本を蓄積するならば、企業規模が拡大し労働力の雇用量も増大するであろう。

しかしながら、ここで企業の資本構成という概念を考慮しなければならない。資本構成とは、資本をじっさいに生産用資産として運用するさいの区別である。生産用資産は工場や機械設備・原材料などの物的資産と人的資産とに区分することができる。労働者が工場で機械設備などの生産手段を利用して製品を生産する。簡単にいえば、企業の生産用資産は生産手段（Ｐｍ）と労働力（Ａｋ）とに区分される。資本構成とは、このような生産手段と労働力に投下される資本の構成比率のことである。資本構成を生産手段と労働力の購入に投下される資本の価値額で見たばあい、それを資本の価値構成と

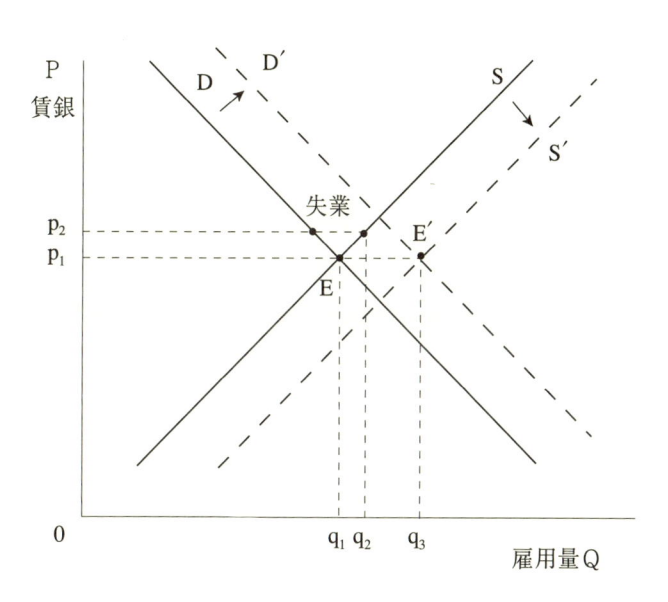

第11章　経済が成長しても失業が増える

図19　賃銀水準と雇用量

（注）新古典派経済学の説明によれば、非自発的失業が生じるのは、賃銀水準p_2が均衡水準p_1よりも高いからだとされる。そこで賃下げが失業対策として主張されることになる。しかし賃銀が低下すると労働力の供給が増大し、供給曲線が右下にシフトするかもしれない。そのばあい賃銀水準p_1では、労働力の供給はq_3となり失業は増加するのである。だから、賃下げが失業対策として有効だとはいえない。それよりも労働力需要を増大させる政策が必要であり、需要曲線が右側にシフトしD′になれば失業は減少するのである。公共投資はそのための政策のひとつであるが、財政赤字を増大させるという問題を伴っている。

いう。生産手段に投下される資本が不変資本 c 、労働力に投下される資本が可変資本 v であり、価値構成を記号で表わせば $c' = c/v$ となる。また資本構成を資本の有機的構成ともいうが、それは生産手段と労働力との結合の仕方が技術水準により有機的に決まってくるからである。

有機的構成の高度化と失業の増大

　もしかりに資本蓄積が有機的構成が不変のままで進行するならば、労働力需要が増大し、賃銀水準が上昇するであろう。景気がよく経済の成長期にはこのような事態が生じ、労働力不足が叫ばれる。労働力不足により賃銀が高騰するならば、利潤が減少して企業の蓄積意欲は低下するであろう。高度経済成長期にはこのような事態が生じたこともあった。しかし資本主義の歴史のなかでは、賃銀高騰による企業利潤の低下は稀な出来事であったといえる。むしろ労働市場にはたえず失業者や不安定雇用者がいて賃銀上昇が抑制されていた、というのが事実である。

　では、なぜ失業者や不安定雇用者が大量に存在しているのであろうか。資本主義企業は市場競争のなかで資本蓄積を図り生産性を向上させなければならない。製品価格を低下させ市場シェアを拡大しなければ、生き残ることはできないからである。そのためには新技術や新生産方法を導入しなければならないが、それによって有機的構成が高くなり単位資本あたりの必要労働力が減少する。労働力にたいする需要の減少は、生産性向上の反面なのである。有機的構成が変わらなければ、資本蓄積とともに労働力需要は絶対的に増大するが、技術革新により有機的構成が高度化すれば労働力需要は相対的に減少する。好景気の局面では、資本蓄積により労働力需要が増大し賃銀上昇が生じるが、不景気の局面では、労働節約的技術が導入され労働力需要が減少し、賃銀低下が生じるのである。それゆえ

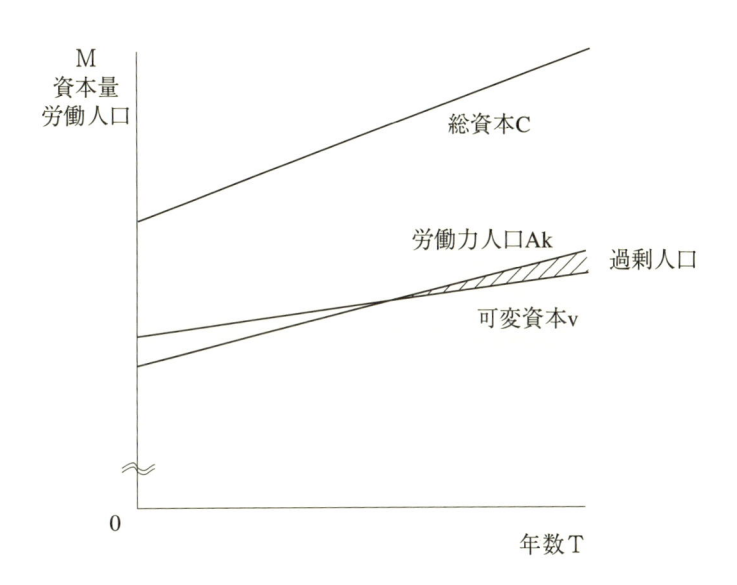

図20　資本蓄積と相対的過剰人口

（縦軸）M　資本量　労働人口
（横軸）年数T

総資本C
労働力人口Ak
過剰人口
可変資本v

（注）総資本の増大率が労働力人口の増加率よりも高いとしても、可変資本の増大率は有機的構成の高度化により逓減する傾向を持つから、労働力供給を下回り、相対的過剰人口が生み出されるのである。

に、資本主義的競争のもとでは労働者の失業や不安定雇用の増大は不可避といえる（図20）。

　個別企業についてみると、労働力への需要は、①増加する、②変わらない、③減少するというばあいがそれぞれある。技術革新が進むばあい、総資本額の増大が急速でなければ、労働力への需要が絶対的に減少するというケースがしばしば生じる。たとえば企業の総資本の有機的構成が200 C ＝ 100 c ＋ 100 v であったものが、技術革

新によって150 c＋50 vとなったとすれば、これまで50 vで雇用されていた労働力が過剰になる。雇用を継続するためには、総資本額は400 C＝300 c＋100 vに増大しなければならない。それ以下では、労働力は削減されざるをえなくなる。資本主義企業は生き残りをかけてリストラを進めており、それによって労働力の過剰化、雇用の不安定化がもたらされているのである。

現在の失業・雇用の状況はどのようになっているのであろうか。

2003年の年間平均の完全失業率は5.3％で、過去最悪だった前年から0.1ポイント持ち直したものの過去2番目の高さだった。年間平均が前年を下回ったのは、90年以来であり実に13年ぶりのことである。完全失業率は2003年1月に過去最高と並ぶ5.5％となったが、おおむね低下傾向を示し12月には4.9％まで回復した。景気の回復とともにリストラが一巡してきたことと、電子部品や自動車などの製造業の一部や、医療・福祉関係などで雇用拡大の動きが強まっていることによる。2003年の12月の雇用者数では、前年同月比で「常雇い」が39万人増、従業員規模500人以上で45万人増となるなど雇用情勢にいくらかの改善が見られるようになっている。

だが、若年層での求人と失業が並存する「雇用のミスマッチ」が重大な問題になっている。年齢別の失業率は、若年層では女性こそ医療・福祉関係の下支えもあって改善しているものの、男性では15〜24歳が10.0％、25〜34歳が5.5％とほかの年齢層が改善するなかで深刻な状況が続いている。男女計の15〜24歳の有効求人倍率は1.43倍あるのだが、男性にたいして厳しい求人となっている。

また、2003年12月と2000年12月とを比較すると、「常雇い」が58万人減少する一方、「臨時雇い」が33万人増えている。このように正社員はリストラし、パートや派遣社員、契約社員などの非正規社員への置き換えが進んでいる。したがって失業対策だけでなく、処遇面での格差の是正などの雇用政策が求められているのである。

III

資本主義的競争と所得分配

III 資本主義的競争と所得分配

第12章

競争しているのに均衡価格が成立する

　資本主義企業は利潤の最大化を目指して競争している。生産規模の拡大や生産性の向上がそのための主要手段であり、その結果、各企業の生産方法や生産条件に格差が生じる。個々の企業やそれぞれの産業の生産方法や生産条件は千差万別であり、商品にはさまざまな価格が成り立つであろう。しかしながら、産業内部の競争や産業部門間の競争が自由に行なわれると、ある商品に関して一物一価の法則が成立したり、どの部門に資本を投下しても結局は均等な利潤がえられる均衡価格が成立する。それぞれの企業は競争相手を出し抜き、より多くの利潤を獲得しようとしているのに、なぜこのような結果が生み出されるのであろうか。一物一価の法則も均衡価格の成立も、誰かが意図しているわけではないのに「神の見えざる手」によって生み出されているといえる。しかし、どのようにしてこのような不思議な現象が生じるのであろうか。

　利潤率とは何か

　資本主義企業による生産活動によって剰余価値が生産される。資本主義企業のもとで多数の労働者が集積され、協業に組織されると社会的生産力が生み出される。社会的生産力は個別労働者の生産力を総計したよりも大きい。だから、個別生産力に見合った賃銀が支

払われるとしても、社会的生産力はそれを超過した剰余価値を生産できる。協業を組織するのは資本家であるから、社会的生産力は資本それ自体の生産力と見なされる。それゆえに、剰余価値は資本が生み出した固有の成果であり、利潤であると認識されるのである。剰余価値が利潤としてとらえられると、生産活動に投下された資本は、利潤を生み出すための費用としてとらえられる。生産資本は生産物への価値移転の仕方によって流動資本と固定資本とに区分される。流動資本とは原材料や賃銀部分であり、その価値は支出された生産期間ごとに生産物に移転する。それにたいして固定資本は機械や生産設備などであり、その価値は減価償却に応じて生産物に価値移転する。固定資本は生産には全体として役立つけれども、生産期間ごとに生産物価値に価値移転するのは一部だけだ、ということになる。生産に支出された費用を生産物の費用価格という。したがって、生産物価値は不変資本価値 c ＋可変資本価値 v ＋剰余価値 m からなるが、資本家によって販売される生産物価格は費用価格 k ＋利潤 p となる。利潤率とは利潤量を投下資本額で割った商のことである。商品の市場での販売価格が費用価格よりも高ければ、資本主義企業は利潤を獲得できる。資本主義企業の計算では、販売価格－費用価格＝利潤であり、商品をコストよりも高く売るか、市場価格よりもコストを引き下げれば、利潤が発生するのである。利潤の実体は剰余価値なのだが、資本主義企業の獲得する利潤は剰余価値の大きさに比例するわけではない。そのようになるのは、市場において競争が作用しているからである。

部門間競争と均衡価格

社会には人間の欲望を満たすためにいろいろな生産部門がある。生活には衣食住のための消費財が必要であるし、精神的欲求を満たすための新聞・テレビ・CDなどが必要である。またそれだけではな

く、消費財を生産するためには、そのための原材料や機械などの生産財がなければならない。このようなさまざまな生産物が生産されるのは、資本がそれらの生産部門に投下されているからである。社会の欲望の全体＝総需要量にたいして生産活動の全体＝総供給量が対応しなければならない。需要供給の関係は価格メカニズムによって調整されるといわれているが、具体的にはどのように行なわれているのであろうか。資本主義企業は自分の利害のために行動しているにもかかわらず、結果的に、価格メカニズムによって社会的需要に対応した生産が行なわれるようになるのは、なぜだろうか。

　議論を簡単にするために、社会に次の三部門しか存在しないと仮定しよう。これらの産業部門は、たとえば農業、工業、運輸通信業などと考えてよい。

　　Ａ部門　　70c+30v+30m＝130　　利潤＝30　利潤率＝30％
　　Ｂ部門　　80c+20v+20m＝120　　利潤＝20　利潤率＝20％
　　Ｃ部門　　90c+10v+10m＝110　　利潤＝10　利潤率＝10％

　このばあい社会の総資本額は300であり、総利潤額は60であるから均等な平均利潤率は20％となる。そうするとＢ部門は均等利潤率に等しく、平均利潤を獲得していることになるが、Ａ部門の利潤率はそれ以上であり、Ｃ部門の利潤率はそれ以下ということになる。それぞれの部門の生産物が生産物価値に等しい価格で販売されるとしたら、資本主義企業にとって不均等な利潤しか手に入らないことになる。これは最大限の利潤を獲得しようとしている資本家にとっては許しがたいことであろう。したがってＣ部門の資本家はＣ部門での生産活動を止めて、Ａ部門に新規参入を図るだろう。Ａ部門がもっとも儲かっているからである。そうすると需給関係が変化して、Ａ部門では供給過剰が生じ、Ｃ部門では供給不足が生じるであろう。その結果、Ａ部門では商品価格は生産物価値以下に低下するであろうし、Ｃ部門では商品価格は生産物価値以上に上昇するであろう。このような変化は、商品価格が120という平均利潤を実現しうるよ

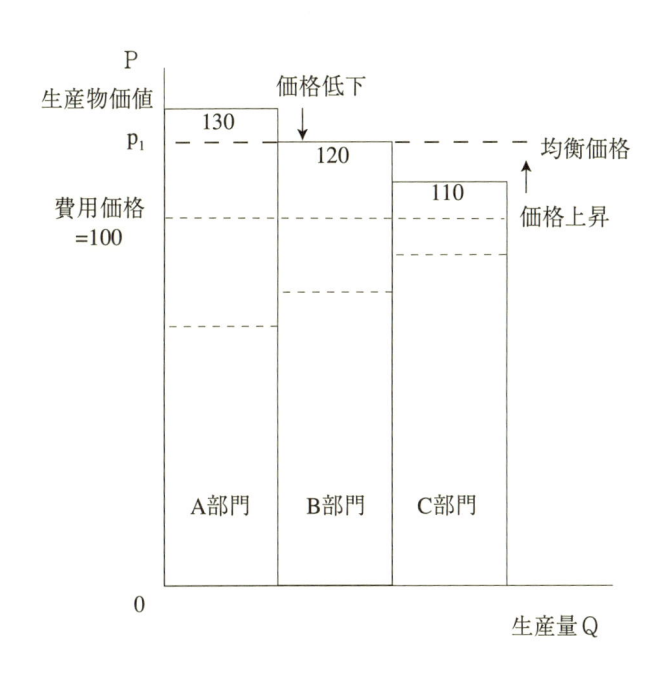

第12章 競争しているのに均衡価格が成立する

図21 利潤率の均等化と均衡価格

```
P
生産物価値        価格低下
           130     ↓
p₁ ─────────────   120   ─────────  均衡価格
                        110         ↑
費用価格                            価格上昇
=100

   A部門    B部門   C部門

0                          生産量Q
```

（注）利潤率の不均等によってC部門から資本が流出し、A部門への資本の参入が生じるであろう。そのばあいA部門では供給が増大するので生産物価値以下に価格が低下し、C部門では供給が減少するので生産物価値以上に価格が上昇する。自由な資本移動により、どの部門でも均等な利潤がえられる均衡価格＝生産価格p_1が形成される。資本投下に制限がなければ、商品の市場価格は均衡価格に均等化される。均衡価格＝費用価格＋平均利潤。

うな価格水準に均等化されるまで続くであろう。社会的平均利潤率が20%であることは、個別の資本主義企業にとって事前に分かっているわけではないが、均等な平均利潤率は資本主義企業がより儲かる部門に資本を投下する競争を行なっているなかで、事後的に判明していくのである（図21）。

このばあい各部門の費用価格100に均等な平均利潤20を追加した価格を、均衡価格または生産価格という。記号で示せば、均衡価格 $P=(1+p')k$ となる。このばあい k が費用価格、p' が平均利潤率である。均衡価格または生産価格の水準において、各生産部門に投下された資本は均等な利潤を獲得できるようになる。資本主義企業は利潤を最大化しようと競争しているのにすぎないけれども、結果的に利潤率の均等化＝均衡価格が生み出され、それとともに社会的総需要に見合った総供給が実現されることになる。価格メカニズムによって需給関係が調整されるといわれるが、正しくは価格変動に伴う利潤率の高低がシグナルとなって、各企業の資本投下の方向が指示されているのである。しかし産業の発展に伴って、いくつかの生産部門において新規参入のための初期投資の膨大化や技術的独占が生じると、自由な資本移動が妨げられ独占価格が形成されるようになるのである。

部門内競争と市場価値

これまでは産業部門間の利潤率の不均等が、資本主義企業の各産業部門間への移動をどのように引き起こすのかを見てきた。しかし同一の産業部門内においてもそれぞれの資本主義企業における生産条件は同等ではないだろう。生産条件が優れている企業もあれば、劣っている企業もあり、平均的な企業もある。同一商品の価格は市場で均等化する傾向があるが、生産条件の格差によって各企業の個別的価値は相違している。生産条件の優れている企業の商品の個別

図22 需要供給関係と市場価値

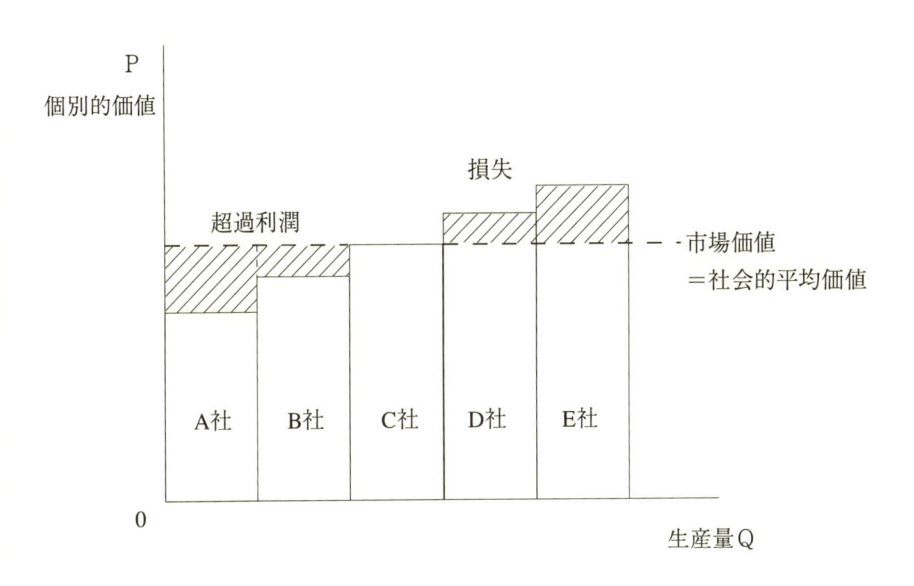

```
P
個別的価値

                    損失
        超過利潤          ┌──┐
                    ┌──┐│//│
                    │//││//│──市場価値
┌──┐                │//││//│  =社会的平均価値
│//│┌──┐            │  ││  │
│//││//│────────────│  ││  │
│  ││  │            │  ││  │
│  ││  │┌──┐┌──┐    │  ││  │
│A社││B社││C社││D社│ │E社│
└──┘└──┘└──┘└──┘    └──┘└──┘
0                              生産量Q
```

（注）需給関係が均衡しているならば、社会的平均価値が商品の市場価値を規定する。市場価値とは、商品の市場価格を規制する価値のことである。もし需要＞供給ならば、D社ないしE社の個別的価値が市場価値を規定し、需要＜供給ならばB社ないしA社の個別的価値が市場価値を規定する。新古典派経済学は、限界生産者の限界費用（個別的価値）による価値規定を主張しているけれども、このような見方は需要＞供給という関係のもとでのみ有効である。このような見解をとるのは、収穫逓減の法則を普遍的法則と見なしているからである。しかし収穫逓増を前提とすれば、需要＜供給となるので限界費用によって商品の価値を規定できなくなる。

的価値は低いが、生産条件の劣っている企業の商品の個別的価値は高いであろう。平均的生産条件の企業の個別的価値は、社会的平均価値だといえる。しかし市場において需給が均衡するならば、商品の市場価格は社会的平均価値によって規定されるから、生産条件で上位の企業は個別的価値が平均価値よりも低く、その差額を超過利潤として獲得できるであろう。これにたいして生産条件で下位の企業は、個別的価値が平均価値よりも高いので価値の一部を実現することができず損失を被ることになる。このようなことは市場競争のなかで成立する一物一価の法則のもとでは不可避である。もし生産条件の劣っている企業が、何らかの改善により個別的価値を低下させることができなければ、損失が増大して市場から淘汰されてしまうことになるのである（図22）。

　商品にたいする需給の一致は偶然的であり、長期的平均において実現されるにすぎない。もし需要が供給を超過していれば売り手が有利であり、市場価格は上昇し、商品の市場価値は平均以下の生産条件の劣った商品の個別的価値によって規定される。その反対に、供給が需要を超過しているならば買い手が有利であり、市場価格は低落し、市場価値は平均以上の生産条件の優れた商品の個別的価値によって規定される。だから、商品のその部門の平均価値による市場価値の規定は、需給の均衡状態においていえるにすぎないのである。新古典派経済学では、限界的生産者の限界費用によって商品価値が決まるとしているが、それは収穫逓減の法則を前提することにより、需要＞供給という関係のもとで価値規定を考察しているからである。市場関係には、需要＝供給、需要＞供給、需要＜供給という三つのケースがあり、それぞれを考慮しなければならない。市場価格はたえず変動するけれども、需給均衡が達成されるならば商品の平均価値で規制されることになるのである。

第13章

資本が増えると利潤が減る

　資本が増大すると利潤率が低下する傾向があることは、いろいろな経済学の立場から認められてきた。たとえば、古典派経済学のA.スミスはある産業部門で資本が過剰になると競争が激化し、商品価格が低下するので利潤率が低下することを見ていた。そのため資本の新しい投下部門を探究する必要が生じるのであり、そのことが産業構造の歴史的変化をもたらすということまで考えていた。これにたいし同じ古典派のD.リカード[注17]は、資本蓄積に伴って労働需要が増大すると、それとともに食料品への需要が増大するが、土地という自然条件の制約によって食料の供給価格が上昇し、それが賃銀高騰をもたらし利潤が減少すると考えていた。さらに新古典派経済学は、資本は生産性の高い生産部門から投資されるので資本の限界効率（期待利潤率）は低下する傾向があると考えている。資本の限界効率は限界資本係数（ある所得を生み出すのに必要な投資額）が高くなると低下するが、なぜ限界資本係数が高くなるのかについては明確に説明されているとはいえない。

　ここでは三つの説を紹介したが、経済学はどの学派においても資本主義の将来に関して、必ずしも楽観的な見通しを持っているわけではないことは興味深いといわねばならない。これらの説にたいして、K.マルクスは資本蓄積に伴う有機的構成の高度化から利潤率の低下傾向を説得的に論じており、次にこれを少し詳しく見ておこう。

Ⅲ　資本主義的競争と所得分配

資本利潤率の傾向的低下

　利潤率とは資本が生み出した剰余価値を投下資本額で割った商である。資本とは価値増殖のために投下された価値であり、利潤率はその価値増殖の度合いを表わすものである。利潤率は次のように、定式化される。

$$p' = \frac{m}{c+v} \qquad 分子と分母をvで割ると、p' = \frac{m'}{c'+1}$$

　回転数をnとすると、$p' = \dfrac{n \cdot m'}{c'+1}$ となる。

　資本主義企業は規模を拡大する競争を行なっている。なぜなら、生産規模が増大すれば生産性が上昇するし、市場でより大きなシェアを占めることができるからである。生産規模を拡大するために剰余価値を再投資することを資本の蓄積というが、資本蓄積の進行に伴って労働生産力が発展すると、資本の技術的構成が高度化するようになる。資本の技術的構成とは生産要素のなかの生産手段と労働力との構成比率のことである。労働生産性の上昇とは投下労働量あたりの生産物量の増大のことであるから、生産力の発展とともに生産に必要となる生産手段の量は労働力にたいして相対的に増大してゆく。生産手段と労働力との組合せを技術的構成というのは、その比率がおもに技術水準によって決まるからである。この生産手段と労働力との比率を価値の観点から見たばあい、資本の価値構成という。生産手段には機械・原材料・エネルギーなどいろいろな要素が含まれており、労働力の価値もさまざまな生活手段によって規定されるから、資本の価値構成は技術的構成を近似的にしか反映しない。しかし資本の価値構成は、技術的構成と有機的に関連して変化するので有機的構成と呼ばれるのである。

　資本蓄積が進展し生産力が上昇すると、技術的構成（Pm/Ak）

が高度化する。この技術的構成の高度化を近似的に反映しながら、資本の価値構成（$c' = c/v$）も高度化してゆく。上記の利潤率の定式で分かるように、資本の価値構成は分母に含まれており、生産力の発展による価値構成の高度化は利潤率を低下させる要因として作用するのである。そしてまた、資本の回転を考慮すると、やはりこれも資本規模の拡大とともに低下する傾向があるといえるだろう。大規模な固定資本が投下されるとすれば、それだけ総資本の回転に時間がかかるようになり資本の回転数は減少する。したがって資本構成の高度化や回転数の減少により、資本蓄積とともに利潤率は低下する傾向を持たざるをえないのである（図23）。

反対に作用する諸要因

しかしながら、利潤率の低下は直截的に現われずに傾向的にしか現われない。というのは、それに反対する要因が作用するからである。たとえば、剰余価値率m'は生産力が高くなり生活手段が安価になると労働力の価値が低下するので、むしろ上昇する傾向があるといえる。けれども労働者も労働生産性の上昇の見返りとして実質賃銀の増大を要求するだろうから、剰余価値率の上昇も社会的には制約されると見るべきであろう。また生産力の上昇は生産手段の諸要素の価値を低下させるので、必ずしも価値構成の高度化が進むとはいえない、という見方もある。だが、生産手段の価値低下は間接的には生活手段の価値低下に結びつくし、生活手段の生産力も上昇する。そうすれば、やはり価値構成は高度化すると考えざるをえない。既存製品の生産性の上昇や市場の飽和によって、利潤率の低下に脅かされた企業は、新製品の開発に資本を投下するようになる。というのは、新規製品では市場での競争相手は少ないし、超過利潤を確保できるからである。新製品の開発や新規市場の開拓が、利潤率の低下に反作用する重要な要因となっているのである。

しかしながら、資本利潤率が低下する傾向があるのは、資本規模が拡大し生産力が高くなると単位資本あたりの必要労働力が減少するからである。労働力の働きによって新たな価値＝付加価値が生み出されるのであるが、資本主義企業は市場競争のなかで生産性の向上を目指して労働力の削減を図らねばならない。不況になれば、必ず企業のリストラが叫ばれる。それによって労働コストの削減を図っているのであるが、それとともに利潤を生み出す実体＝労働力を減らすことになる。資本主義企業の目的は利潤の最大化であるが、利潤を増大させる手段＝生産力の発展が労働力を減少させ、結局は利潤を減少させる傾向を生み出すのである。資本の有機的構成の高度化は相対的過剰人口を生み出すとともに、利潤を生まない過剰資本を生じさせる。過剰な労働力と過剰資本とを結合させるならば、新たな生産を行なえるはずであるが、利潤率の低下がそれを阻止するのである。資本主義の経済法則には、このような矛盾が含まれている。利潤率の低下が資本蓄積の順調な進行を妨げ、周期的な経済不況、リストラ、「構造改革」を不可避とするのである。現在の小泉内閣は「構造改革」を政治課題としているが、その本質は資本主義企業にとってのさまざまな社会的コストを軽減し、利潤を生み出す条件を再整備することにあるといえる。

損益分岐点売上高比率

これまでは利潤率を一般的長期的に見たのであるが、これを個別企業の立場から考えてみよう。損益分岐点とは企業の総費用と総収益が等しくなり、利潤がゼロとなる点をいう。企業の損失と利益との分岐点をなす売上高を x とし、固定費を f 、変動費を v 、損益分岐点売上高に占める変動費の比率を v′ とすると、次の関係が成り立つ（図24）。

第13章　資本が増えると利潤が減る

図23　利潤率の傾向的低下曲線

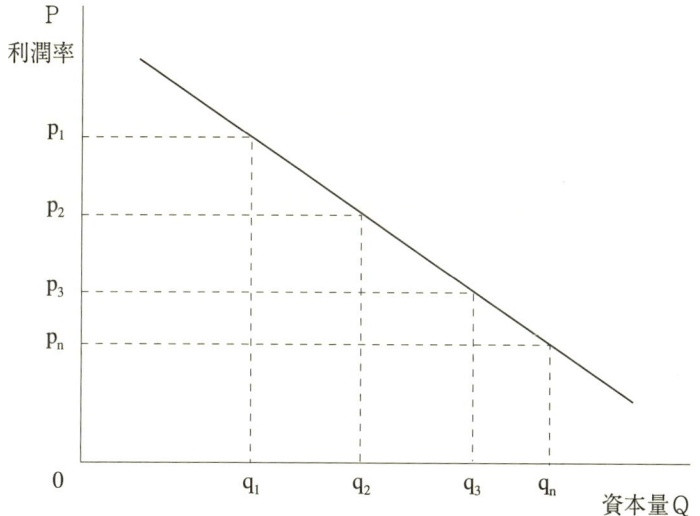

```
P
利潤率

p₁ ┈┈┈┈┈┐
         │
p₂ ┈┈┈┈┈┈┈┈┈┐
             │
p₃ ┈┈┈┈┈┈┈┈┈┈┈┈┈┐
                 │
pₙ ┈┈┈┈┈┈┈┈┈┈┈┈┈┈┈┈┈┈┈┐
                       │
0        q₁    q₂    q₃    qₙ   資本量Q
```

（注）資本量が増大するとともに、利潤率は傾向的低下曲線に沿って低下してゆく。利潤率が低下傾向を持つのは、資本蓄積に伴って有機的構成が高度化し付加価値を生み出す労働力が相対的に減少するからである。新古典派による資本の限界効率の低下法則は、限界資本係数（所得を生み出すための追加資本の大きさの比率）の上昇にもとづいているが、理論的構成から見ても利潤率の傾向的低下法則と近似している。

III 資本主義的競争と所得分配

図24 損益分岐点売上高比率

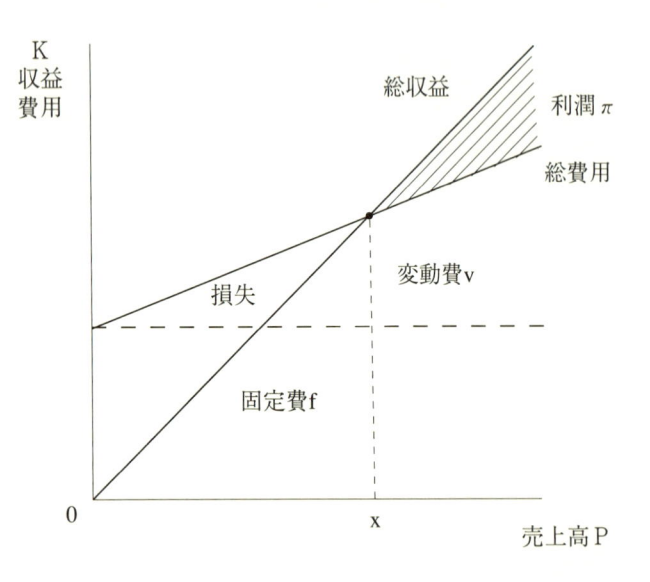

（グラフ：縦軸 K 収益費用、横軸 売上高P、総収益線と総費用線、固定費f、変動費v、損失、利潤π、損益分岐点x）

（注）企業の総収益は売上高に比例するが、総費用は固定費の比率が低下するにつれて増加率が逓減する。固定費を削減できれば、損益分岐点xが左側にシフトし利潤(π)が増大する。ただし、資本蓄積とともに固定費は増加する傾向があり、資本主義企業にとって逃れがたいジレンマである。

$$x = f + v \quad \text{両辺を x で割り、整理すると} \quad x = \frac{f}{1-v'}$$

　この固定費には固定資本の減価償却費、金融費用、人件費などが含まれる。また変動費には原材料費、エネルギー費などが含まれる。現実の売上高がこの損益分岐点売上高 x を上回らないと、利益 π は発生しない。この x と現実の売上高 P との比率を損益分岐点売上高比率という。P － x ＝ π であり、損益分岐点売上高比率が低くなれば、それだけ企業の獲得しうる利益 π は増大する。厳密にいうと、ここでいう利益 π は、経済学でいう利潤額よりも小さい。というのは、総費用に利潤から支払われる金融費用や借地料が含まれているからである。

　日本企業はバブル期に需要拡大をあてにして過大な設備投資や人員採用を行なったが、これが固定費の増大につながり、売上高変動費比率 v′ を大きく低下させた。その結果 x の値が大きくなり、損益分岐点売上高比率は限りなく１に近づいたのである。そのため企業は収益性を回復させるために、なりよりも固定費負担の削減に走らざるをえなかった。固定費要素である人件費、金融費用、設備費用が削減され、x が低下するならば、それによって企業が利益を生み出す条件が整うのである。今日、余剰人員のリストラが叫ばれる所以はここにあるといえる。

第14章

商人は安く買って高く売る

　商業活動は経済学の正統派のなかでは、十分な位置づけが与えられていない。それは、経済学の体系化が近代資本主義の興隆とともに行なわれたことと関連しているのかもしれない。重商主義[注18]的な貿易差額、地域的な価格格差を利潤の根拠とする商人資本は、18世紀末には国内市場の発展から生まれた産業資本に経済の主導権を奪われていった。自由放任政策にもとづく競争的市場こそが物質的富の増大を保証するものであり、重商主義的な独占的市場規制は自由な経済活動を妨げるものとして排除されていったのである。しかしながら、差別的規制にもとづく利潤の獲得は論外とされなければならないが、資本主義における商業活動の意義や役割を正当に評価する必要があるのではないだろうか。商業活動による市場の開拓や生産要素の調達がなくして、産業資本の生産活動もありえないであろう。市場における取引機能を専門的に担っているのが商業資本であり、その役割をどうとらえるのかがこの章の課題である。

商人の役割とは何か

　資本主義的活動をもともと行なっていたのは商人資本であった。地域的市場が統合されていない古代や中世の時代には、地理的歴史的条件の差によって生産物の種類や価格には大きな差異があった。

このような差異を事業機会としてとらえたのが商人資本であった。たとえば、商人資本はA地域で購入した商品をB地域で販売することによって、地域間の価格差を利潤として実現することができたのである。図式的に表現すれば、商品の購買と販売G―W―G′であり、商業利潤は購買価格と販売価格との差として実現されるのである。商人は市場における差異を見出し、それを利潤機会として利用できる機敏さを持っていなければならない。最近の経済学では、そのような商人の才能、つまり差異を見出す機敏さ、あるいは差異を作り出す機敏さが注目されている。なぜなら、このような商人の活動こそが市場経済を発展させてきたといえるからである。産業革命以来、産業資本が商人資本の力を凌駕して、商業資本は産業資本の流通担当者という役割を演じるにすぎないと見なされるようになった。しかし、どのような種類の製品を生産すべきなのか、どこの市場で販売するのが有利なのか、あるいは原材料や部品はどこで購入すれば安価に調達できるのか、という事業機会にたいする判断力が資本主義的活動の基本にあることは疑いのないところであろう。産業資本においても、このような商才がなければならないのである。ただ規格品を大量生産するだけでは、今日の変動常なき市場経済では生き残ることはできないだろう。このように利潤機会を見抜く機敏さが企業家に求められているといえよう。

商業資本の自立化の根拠

しかし、ここでは産業資本の流通担当者としての商業資本の役割について考えてみよう。近代における商業資本とは、生産活動を担う産業資本がもともと担当していた販売や購買が自立化して、特定の資本の固有機能となったものである。現象的には、商業資本は商品取引を媒介することにより利潤を獲得する資本だといえる。けれども、少し厳密にいえば、商品を売買する固有の商業機能と、商品

図25　商業資本による商品流通の媒介

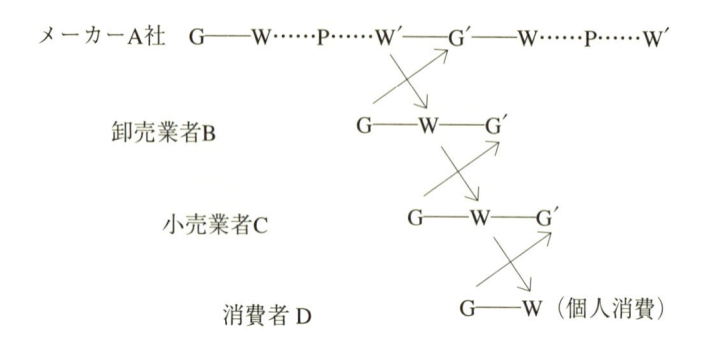

```
メーカーA社    G—W……P……W′—G′—W……P……W′
                              ↘↗
卸売業者B                    G—W—G′
                                  ↘↗
小売業者C                        G—W—G′
                                      ↘↗
消費者D                              G—W（個人消費）
```

（注）メーカーA社は時間やコストのかかる販売を、卸売業者Bに任せることができれば、投下資本をすぐに回収し生産を継続できることになる。小売業者Cは多様な商品を集積している卸売業者Bから必要な商品を購入し、消費者Dに販売する。このように、商品流通は商人による商業活動によって担われているのである。

の運輸や保管という機能とを区別しなければならない。商業とは商品の所有権の移転を伴う契約行為であるが、運輸や保管は商品の場所的移転や保存という使用価値にかかわる物理的機能である。したがって後者は純粋の商行為ではなく、商品の流通過程に関連する生産行為だと考えてよい。

　商業資本の本来の機能は、産業資本の流通行為である販売と購買W′—G′—Wを代行することである（図25）。商業資本は産業資本の商品を購買し、それを消費者（個人的消費者や生産的消費者）に販売することによって利潤を手に入れる。産業資本にとっての販売W′

—G′ が、商業資本にとっては価値増殖G—W—G′ の機会となるのである。商業資本は時間と手間のかかる市場での流通行為を産業資本に代わって行なうのであり、産業資本は流通行為を代替してもらうことで生産に専念できることになる。このように流通行為が商業資本の機能になるならば、①商品の流通期間が短縮される、②流通期間のための貨幣準備金が節約される、③流通行為を行なうための費用が節約される、といえる。社会的な視点から見ると、商業資本は個別の産業資本にたいして多数の消費者を代表するとともに、消費者を代表して多数の産業資本と取引していることになる。言い換えるなら、商業資本は多数の購買と販売とを一点に集中するネットワーク機能を果たしているといえる。個々の消費者が売り手を探したり、個々の産業資本家が買い手を探していたりしていては、そのための流通費用＝取引コストは莫大なものになるであろう。だから、商業資本は商品の取引を社会的に集中して行なうことによって、流通行為に必要な時間や費用を節約しているのである。市場は商人活動なくして機能しない点を看過してはならない。

なぜ安く買って高く売れるのか

商業資本は購買価格と販売価格との差額を利潤として獲得している。このような差異の存在を機敏に見抜くことが、商人の才能である。しかし市場経済が発達して個々の取引が等価交換を原則とするようになるばあい、どこからこの差額が生じるのであろうか。一見すると、商人は商品を安く買って高く売っているように見える。もしそうならば、消費者は安いものを高く買わされており、いつでも損ばかりしていることになるのかもしれない。そうだとすると商業資本の獲得する利潤には、どのような根拠があるのだろうか。

ある社会において産業資本の生産した総生産物の価値が、$720c+180v+180m=1080$ であると仮定しよう。総生産物価値＝総生産価

格であり、平均利潤率は20%である。この総生産物の取引に必要な商業資本が100であるとしよう。この社会において生産物が生産され流通し分配されるには、総額1000の資本が必要なのである。もし商業活動に投下された資本にも、均等な利潤が分配されないならば誰も商業活動に資本を投下しないであろう。このような商業資本にも均等な利潤が分配されるとすれば、平均利潤率は18%に低下する。そうすると、生産価格は900k+180p=1080から900k+162p=1062に低下する。産業資本の販売価格はこの生産価格に規定される。だから、商業資本は産業資本の低下した生産価格で商品を購買し、本来の生産価格1080で消費者に販売するのである。それによって商業資本は均等な平均利潤18を手に入れることができる。だから、たしかに商業資本は商品を安く買って高く売っているように見えるのだが、それは産業資本が流通行為を代替してもらう報酬として販売価格を割り引いているからである。もし産業資本が流通行為を自分で行なうとしたら専門家の商業資本よりもより大きな費用がかかり、たとえば200の追加資本を必要とするだろう。そうなると、平均利潤率は16.4%に低下してしまうことになる。流通行為の商業資本による専門化は、社会的分業によって利潤率を高めていることになるのである。そのかぎりで商業資本が自立化する意義があるといえる。

商業マージンと流通費用

　ここで仮定した商業資本100は、商品の売買に要する貨幣資本額である。しかしながら、じっさいの流通行為のためには従業員を雇用したり、事務所を構えたり、電話やパソコンを備え付けねばならない。あるいはまた、今日の資本主義社会では広告や宣伝にも費用をかける必要があるだろう。商品の取引にはそのような流通費用が不可欠である。商業資本にはこれらの費用も含まれる。たとえば、これらの取引費用を50であると仮定しよう。これらの費用も剰余価

図26　商業資本による流通コストの負担

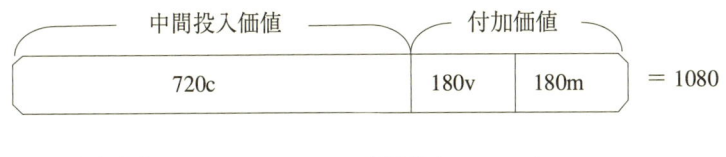

```
       中間投入価値              付加価値
┌─────────────────┬─────────┬─────────┐
│     720c        │  180v   │  180m   │ ＝ 1080
└─────────────────┴─────────┴─────────┘
```

　　　生産価格＝900k＋180p　　　商業資本＝100G＋50k

（注）1080の商品生産物を流通させるために、100の貨幣資本と50の流通コストが必要であるとしよう。もしメーカーが商品流通も担当するとすれば、負担しなければならない流通資本は増大するであろう。そこでメーカーは、150の流通資本を負担する商業資本にたいして生産価格を1080から1012に割り引くことで流通コスト50と商業利潤18とを支払う。一見するとメーカーが損をしているように見えるかもしれないが、メーカーはそれによって剰余価値からの控除額を減らし、利潤を増加させているのである。

値180mから控除されなければならない。なぜなら、それらは流通行為のための不生産的費用だからである。そうすると平均利潤率は130/1050＝12.4％に低下する。産業資本にとっての生産価格は1012となり、商業資本はこの生産価格で商品を購入し、販売価格1080で販売することになる。商業マージンは差額68であるが、これには50の流通費用と18の商業利潤が含まれている（図26）。

　商業資本は商品を安く買って高く売っているように見えるが、商品を生産物価値よりも高く販売しているわけではない。そうではなく、むしろ商業資本の役割は市場取引を社会的に集中化して行なうことによって、流通費用を低減させているのである。

Ⅲ　資本主義的競争と所得分配

第15章

銀行はどこまでお金を貸せるのか

　もし銀行がお金をどこまでも貸せるならば、経営に苦しむ企業は資金繰りが好転し、長期不況に陥っている日本経済も回復に向かうかもしれない。そのような意図から日銀は超低金利政策や量的緩和政策をとっていることは、先に第1章で説明した。しかしながら、このような金融政策が意図したような、はかばかしい効果をもたらしているようには見えない。銀行がいくらお金を貸そうとしても、どこまでも貸せるというわけではない。

　それはなぜだろうか。金融は経済活動の潤滑油といわれるが、それも一理があるのであって実体経済とのかかわりで、その機能をとらえなければならないのである。この章では、金融の基本的機能について説明しよう。

利子と企業者利得

　さまざまな産業部門に投下された資本は、企業活動が正常に行なわれるかぎり利潤を生み出すことができる。しかしもちろん経営効率が限界以下の資本は利潤を獲得することはできない。このように生産や流通に役立つ資本を機能資本という。機能資本を運営するのが機能資本家または企業家である。企業家は自分の所有する資本のほかに、他者から資本を借り入れることができるならば経済活動を

拡大できるであろう。他者から借り入れた資本を借入資本という。貨幣は資本主義社会においては効率的に利用すると利潤を生み出すことができる。したがって、貨幣には貨幣としての使用価値のほかに、資本としての使用価値があるといえる。それゆえ貨幣を借りた人は、その資本としての使用価値にたいして対価を支払わなければならない。それが利子である。利子を目当てに貸付けられる資本は利子生み資本と呼ばれる。

また貨幣を貸付けて利子を受け取る資本家を貨幣資本家という。貨幣資本家が企業家に貨幣を貸付け、企業家はその貨幣を元手に企業活動を行なって利潤を生み出し、利子を付けて貨幣を返済しなければならないのである。

では貨幣を取引するさいの市場利子率は、どのようにして決まるのであろうか（図27）。それは貨幣資本にたいする需要と供給の関係によって決まる。もし利子率が上がるならば、貨幣貯蓄が増大し、資本需要は減少するであろう。逆に利子率が下がるならば、貨幣貯蓄が減少し、資本需要は増大するであろう。このように市場利子率は、貨幣にたいする需給関係の強弱によって規定されるのである。利子率が需給の均衡点Eで決まるとすれば、それとともに資本需要の大きさも決まるであろう。なぜなら、市場利子率以下の利潤しか上げられない企業家は、資本の借り手にはなりえないからである。企業家は総利潤の一部を借入資本の大きさに比例して貨幣資本家に利子として支払わなければならない。したがって、総利潤は利子と企業者利得＝純利潤とに分裂する。新古典派経済学では、利子は企業活動とは無関係な資本所有にもとづく不労所得と見なされるのにたいし、企業者利得は不確実性をともなう企業活動への積極的関与にたいする報酬と見なされる。企業家の生み出す総利潤は、投入要素価値と産出物価値との差額＝剰余価値に等しいのであるが、貨幣資本にたいする利子と企業家にたいする報酬＝企業者利得とに分化するのである。

図27 利子率の決定と企業者利得

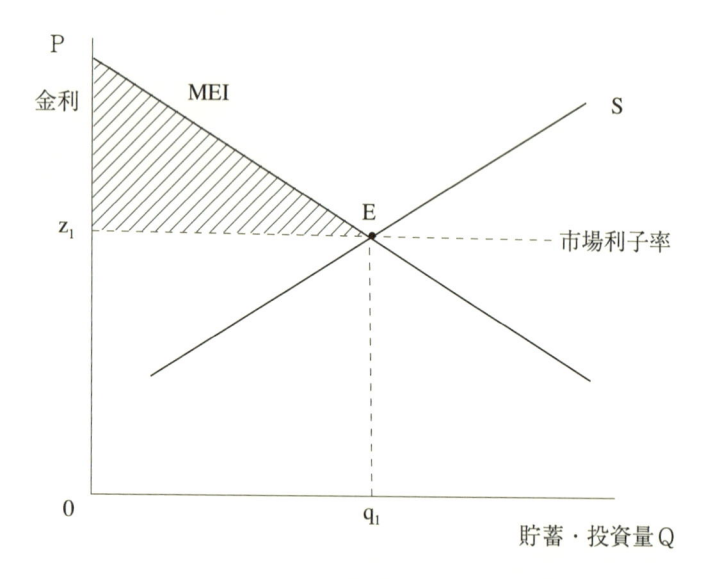

（注）投資の限界効率（MEI）は、有利な投資機会から投資が行なわれるとするならば、右下がりの曲線になる。貯蓄による貨幣供給が図のように右上がりの曲線であれば、交点Eで市場利子率z_1と必要資本量q_1が決定される。q_1よりも右側では期待利潤率が利子率よりも低くなるので、投資を行なうことは不利になる。したがって資本需要の大きさはq_1で規定されることになる。貨幣資本にたいして利子が支払われるならば、利潤額から利子分を差し引いた残額が企業者利得（図の斜線部分）となる。

商業信用の役割

貨幣の機能を説明したさいに論じたように、商品が売れるかどうかは、有効需要の大きさに制限される。有効需要とは貨幣の支払能力に裏打ちされた需要のことである。買い手が貨幣を持っていないならば、潜在的に需要があるとしても市場の拡大は緩慢なものであろう。そこで、もし現在貨幣を持っていないとしても、将来取得できるという見込みにもとづいて支払いを約束することで商品を購入できるとすれば、市場はいま以上に拡大するであろう。商品の売り手は時間や手間のかかる流通期間を短縮できるし、買い手は所有する貨幣額に制約されることなく取引を拡大できる。こうした支払い約束の債務証書が商業手形である。商業手形は現金の代わりに用いられて、次々と商品取引を媒介してゆく。約定された期日までに信用で購入した商品が市場で売れるならば、買い手は現金準備なしに取引を拡大できることになる。商業手形は手形交換所で交換され、債務と債権との差額だけが現金で決済されればよい。このように商業手形の流通が支払手段としての貨幣の必要を大幅に節約するのである。しかし、商業手形の流通根拠は債務者の私的信用にかかっているという限界がある。

銀行信用の役割

銀行資本は遊休している貨幣資本を社会的規模で集積し、それを必要としている企業家に融資するという役割を果たしている。銀行資本の基本的役割は、このような金融仲介機能だといえる。社会的な貨幣の貸借を媒介しているのが銀行であり、今日の資本主義社会では銀行資本が利子生み資本の典型をなしている。銀行業は預金利

子と貸付利子との差額を利潤の源泉にしているのである。

　もともと銀行は持ち込まれた商業手形の割引を基本業務としていた。手形の割引とは、手形の支払期日までの利子を差し引いて、銀行が手形を買い取ることである。手形の支払いが確実であるかぎり、銀行は利子分を取得することができる。銀行は手形の割引のさいに、自己宛の銀行手形＝銀行券で支払うか、預金口座をその金額だけ設定する。現在では、こうした銀行券の発行権は各国の中央銀行（わが国では日本銀行）に制限されている。

　銀行はまた、担保付か個人の信用にもとづいて無担保で、企業に貨幣資本を融資することができる。商業手形の割引は販売された商品の貨幣形態を融通することになるが、新規の貨幣資本の貸付けは、企業家に事業を拡大する追加的資本を融通することになる。このばあい銀行は、遊休している貨幣資本の機能資本への転換を仲介しているといえる。銀行による融資は預金口座の設定によって行なわれ、貨幣支出とともにほかの預金口座を増加させる。その預金を元手にまた融資が行なわれるという形で信用創造が行なわれる。なぜなら、一定額の準備金以上の銀行預金は貸付けに回すことができるからである。

　このような銀行の金融仲介機能は、それによって利潤生産を促進するとともに、資本が過剰になっている衰退部門から資本が不足している成長部門への資本移動を媒介していると、見ることができる。しかしながら、バブルの形成に見られるように、銀行は信用創造機能に依存して生産的投資のための融資だけではなく、投機的利益を狙った融資をも過剰に行なうばあいがあり、経営の健全性が厳しく求められているのである。

　バブル崩壊後の長期不況のなかで、日銀は超低金利政策・量的緩和政策をとっているが、これは貨幣資本を潤沢に供給すれば企業取引が活発になり、経済の循環が促されると考えているからである（図28）。金利が下がれば銀行のコスト負担が減り、企業の資金調達

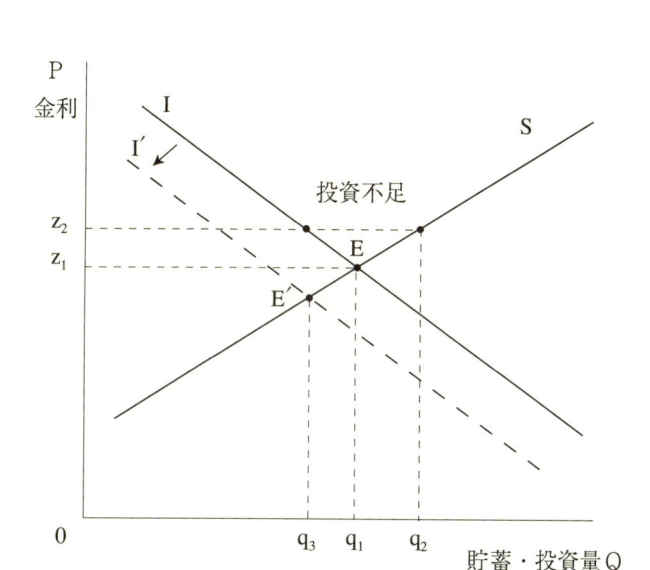

図28　投資不足と低金利政策

(注) 利子率 z_2 の水準では貯蓄額＞投資額であり、投資不足になっている。そこで、もし z_1 の水準まで金利を下げるならば、貯蓄が減り投資が増え、貨幣資本にたいする需給が均衡するはずである。しかし、金利を下げても現在の日本のようになかなか需給均衡は達成されない。なぜかといえば、利潤期待が低下しており、投資曲線が左下にシフトしているからである。だから、金利を下げるだけでは不十分であって、新たな利潤機会が見出され投資曲線が右上にシフトしなければならないのである。企業家の育成が緊急の政策課題になるのは、このような背景によっている。

も容易になる。借り手の債務者負担が軽減されるので、資金需要が増大するはずである。ところが超低金利にもかかわらず、資本需要が刺激され、企業取引が増大するという状況にはない。それはなぜかといえば、リストラによる消費低迷や企業の海外進出などで国内の資本需要が低迷しているからである。したがって、景気回復のためには資本需要を増大させることが必要であり、新たな事業機会の創出を支援する政策が重要だといえる。

株式会社の成立

19世紀の中頃までは、個人企業や合名・合資会社が主要な企業形態であった。だが1860年代にイギリスで有限責任法が制定され、民間事業でも株式会社が設立されるようになった。それまでは、企業の出資者は自分の財産のすべてを企業活動の債務の返済に当てなければならなかったが、有限責任法によって株主の責任は株式への出資額に制限されることになった。こうして株式の発行により小額の遊休貨幣資本を会社に集積できるようになったのである。これによって企業は、これまでの個人企業から社会的規模の会社企業に発展することが可能になったといえる。株式会社では、たんなる株式への投資家は配当や値上がり益を受け取るだけの貨幣資本家になり、機能資本は専門経営者の管理に委ねられることになった。このような変化を株式会社における所有と経営の分離という。株式会社形態を基礎として、20世紀初頭に重化学工業や流通業において独占的巨大企業が成立したのである。また銀行資本＝金融資本は株式会社の設立業務にかかわることで、株式発行による莫大な創業者利得を手に入れることができたのである。

第16章

国民所得はどのように使われるのか

国民所得とは何か

　国内で生産された生産物価値の総額と国民所得の総額とは同一ではない。たとえば商業資本の説明のなかで、720c+180v+180m=1080という式を例としてあげたが、この1080は個別企業の生産した生産物価値、または社会的に見た生産物価値の総計と考えることができる。たとえば、個別企業ならば1080億円かもしれないし、社会的総生産物ならば1080兆円かもしれない。このうち720cは原材料や機械の購入に支出された不変資本価値であり生産物に価値移転するけれども、新たに生み出された価値とはいえない。これにたいして180v+180mは生産活動によって生み出された付加価値をなしている。だから、企業活動によって新に生み出された価値は生産物価値の総額ではなく、生産物価値から中間投入価値を控除した付加価値部分だけなのである。国民所得の大きさを把握する必要があるのは、国民所得だけが社会によって自由に処分できる所得を表わしているからである。もしかりに国民所得以上に社会が消費したり、戦争などで浪費したりするならば、生産物を生産するための中間投入財が減少してしまい国民所得は減少せざるをえなくなるだろう。そのため国富の尺度として国民所得が重視されているのである。ただし国民所得額と国内総生産（GDP）の額は少し意味が違っている。国内総生産

の額には国民所得だけではなく固定資本の減耗分cfが含まれている。固定資本の一部は毎年減耗してしまうので、その分を補填しなければ国民所得を維持できなくなるからである。だから、720cの一割を固定資本減耗額とするならば、国民所得v+m=360兆円にたいして国内総生産cf+v+m=432兆円ということになる（以下の説明では、この差異は無視する）。

　国民所得は企業活動によって生み出された付加価値の合計額であり、企業活動に提供されたいろいろな生産要素にたいする報酬として分配されることができる。労働にたいする賃銀、資本にたいする利子、土地にたいする地代、商業にたいする商業利潤、企業家にたいする企業者利得、株主にたいする配当、そして政府にたいする租税などとして分配される。新古典派経済学では、労働─賃銀、資本─利子、土地─地代という生産要素と報酬との因果関係が成り立つと考えており、これを経済学的三位一体という。生産された付加価値額の合計と分配された所得額の合計とは一致する。また所得額はそれぞれの所有者の意思決定により消費されたり、貯蓄されたり、または投資されたり、という形で支出される。これが支出国民所得である。生産国民所得＝分配国民所得＝支出国民所得という関係を三面等価の原則というが、これらが等価になるのは、生産、分配、支出は経済循環における所得のあり方を別の面からとらえたものにほかならないからである。

消費財部門と生産財部門との連関

　生産物価値の総額と付加価値の合計額＝国民所得額とを区別することが重要だということを例解するために、次のような社会的連関について考えてみよう。いまある社会において国民が生活するために3000単位の消費財が必要であると仮定する。そして3000単位の消費財を生産するためには、2000単位の機械や原材料が必要であると

第16章　国民所得はどのように使われるのか

図29　総生産物価値と付加価値

In　　$2000 \times \left(\frac{2}{3}\right)^n Pm$

Id　　$2000 \times \left(\frac{2}{3}\right)^3 Pm$

Ic　　$2000 \times \left(\frac{2}{3}\right)^2 Pm$

Ib　　$2000 \times \frac{2}{3} Pm$

Ia　　$2000 Pm$

　　中間投入価値　　　　付加価値

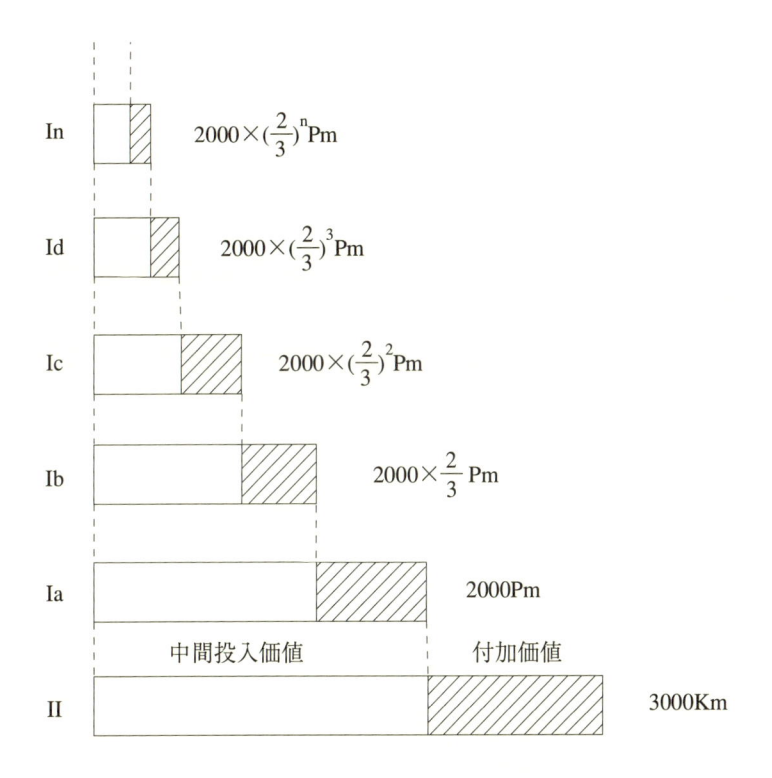

II　　$3000 Km$

（注）社会の付加価値がすべて消費支出されると仮定し、必要な消費手段Kmが3000単位であるとしよう。この消費財を生産するためには、2000単位の生産財Pmが必要になるが、その生産財を生産するためにも、さらに別の生産財が必要になる。このような社会的連関が連綿と続くとすると、必要な生産財の総額は無限等比級数をなすので、2000×3＝6000単位となる。したがって社会の総生産物は6000＋3000＝9000単位となる。またその生産過程で1000×3＝3000の付加価値が生み出されるのである。

仮定しよう。2000が中間投入価値で、1000が付加価値をなしている。ところが、2000単位のこれらの生産財の生産のためにも、2000×2/3の生産財が必要となる。またそれに含まれる付加価値は1000×2/3となる。そしてさらに2000×2/3の生産財の生産のためにも、2000×2/3×2/3の生産財が必要になる。このような部門間の連関は連綿とつながってゆくだろう。さて、そのばあい必要な生産財の総額はどれくらいになるのだろうか。また生産活動によって生み出される付加価値の総額はどれくらいになるのだろうか（図29）。

このような社会的連関のもとでは、必要な生産財の総額は2000×3＝6000、付加価値の総額は1000×3＝3000となる。3000単位の消費財を生産するためには、2000単位の生産財が必要であり、消費財用の生産財を2000単位生産するには、4000単位の生産財が存在していなければならないのである。総生産物価値は6000＋3000＝9000であり、これらの生産活動によって生み出される付加価値の合計額は3000になる。付加価値は国民所得として分配され消費財に支出されるが、中間投入価値は生産を継続するために機械や原材料などの生産財の購入に当てられねばならないのである。このような経済循環が可能になるためには、付加価値額と中間投入額とに対応した産業の連関が、消費財部門と生産財部門との間に形成されていなければならない。すなわち消費財部門の生産額が付加価値額に一致し、生産財部門の生産額が中間投入額に一致しなければならないのである（図30）。

投資・貯蓄による所得決定理論

国民所得の大きさはどのようにして決まるのであろうか。ここではマクロ経済学の基本をなす投資・貯蓄による所得決定理論を簡単に説明しよう。付加価値額は国民所得として分配される。分配された所得は大きく分けると消費に支出されるか、貯蓄または投資に当

図30　単純再生産を表わす経済表

投入＼産出	中間投入価値	付加価値	生産物価値
生産手段	4000	2000	6000
消費手段	2000	1000	3000
合計額	6000	3000	9000

（注）この経済表の横の欄は生産された生産物を、縦の欄はそのために投入された価値を表わしている。生産物は多種多様なものからなっているが、経済的機能から見ると生産手段と消費手段とに大別される。経済の単純再生産とは、付加価値がすべて個人消費され、資本蓄積がないことを意味している。このような前提のもとでは、社会的に見て付加価値額の合計＝消費財の生産額、中間投入価値額の合計＝生産財の生産額という関係が成り立っていなければならない。このような関係が成り立つことが、経済が正常に循環する条件となる。資本主義は市場経済であるから、価格メカニズムによってこのような社会的バランスを調整している。しかし価格メカニズムは経済調整の手段としては万能ではなく、さまざまな不均衡や不均等発展をもたらしているのが現実である。社会や経済の正常な発展のためには、人間の科学的な分析能力と政策提案能力が求められているのである。

てられる。ここでは、投資活動を行なうのは資本家であると仮定しよう。そこで、たとえば資本家により1000単位の新規投資が行なわれると仮定しよう。この新規投資に見合うだけの供給が行なわれるならば、1000単位の所得が生み出される。この所得のうち8割が消費支出され、2割が貯蓄されると仮定しよう。このばあい消費性向は0.8、貯蓄性向は0.2ということになる。800が消費支出されると、また800の所得が生み出される。800の所得のうちやはり8割が消費支出され2割が貯蓄されるとすると、640の所得が生み出されるとともに、160の貯蓄が生み出されることになる。このようにして新規の投資需要は所得を誘発しながら、貯蓄を生み出すこととなる。このような波及過程はどこまで続くのであろうか。

所得 = 1000 + 800 + 640 + 512 + … = 1000 × 1/(1 − 0.8) = 5000
貯蓄 = 200 + 160 + 128 + 102 + … = 200 × 1/(1 − 0.8) = 1000

このように所得および貯蓄の増大は無限等比級数をなすので、それぞれ5000と1000まで増大する。1/(1 − 0.8) = 5、すなわち1マイナス消費性向の逆数が、投資需要の波及の大きさを示す乗数をなしている。新規需要が波及し、5000の所得を生み出すとともに、1000の貯蓄を生み出したときに波及過程が収束する。このように新規投資は、それに見合った貯蓄を生じさせるとともに、それの乗数倍の所得を生み出すまで生産を拡大させることになるのである。このような考え方をマクロ経済学では、投資・貯蓄による所得決定理論という。新規投資がなければ、所得の増大は生み出されないという考え方である。しかし新規投資によって所得が生み出されるのは、それに見合う生産がその社会において可能なばあいにおいてのみであろう（新規投資が実現されるためには、どのような社会的条件が必要かについては、次章で論じる）。投資需要はなるほど生産を誘発する起動力になるけれども、じっさいに付加価値＝所得を生み出しうるのは生

産活動にほかならないのである。またこのような投資・貯蓄による所得決定理論は、新規投資がないばあいでも生産の継続のために補填投資が行なわれており、それによって付加価値＝所得が生み出されている点を見逃しているといわざるをえない。

国民所得の成長率

国民所得の大きさは年々変化するが、正常な資本主義社会では経済は成長しなければならない。そうでなければ、増加する人口を養えないし生活水準が向上しないからである。経済が成長するためには、付加価値の一部が消費されないで、生産に再投資されなければならない。だから、国民所得の成長は資本蓄積を前提にしてはじめて可能になるのである。

マクロ経済学では、経済成長[注19]の基本方程式は次のように定式化される。

$G \cdot Cr = s$　ゆえに$G = s / Cr$
$G = \Delta Y / Y$　（Yは産出額＝所得額で、Gは成長率）
$Cr = \Delta K / \Delta Y$　（ΔKは追加資本額で、Crは限界資本係数）
$s = S / Y$　（Sは貯蓄額で、sは貯蓄率）

経済成長率は国民所得の年々の増加率で表わされるが、それは社会の貯蓄率と限界資本係数との関係から決まってくる。追加的生産要素への投資が行なわれるのは、貯蓄の結果としてである。貯蓄されたものだけが追加投資される。限界資本係数とは、追加所得を生み出すために必要な追加資本の大きさを示している。資本主義の発展とともに資本構成が高度化するので、限界資本係数は上昇する傾向があるといえる。だから貯蓄率＝投資率が増大しなければ、経済成長率は低下せざるをえなくなる。したがって一般的にいえば、貯

蓄率の高い国ほど成長率が高く、限界資本係数が高い発展した国ほど成長率は低くなるのである。

　この定式は貯蓄率と限界資本係数との関係から経済成長率を説明しているが、それだけでは成長過程を理解するには不十分であろう。たとえば、付加価値は貯蓄される前にいろいろな生産要素の提供者に分配される。社会諸階層への分配関係のいかんによって貯蓄のあり方が変わってくる。富裕層の貯蓄率は高く、低所得層の貯蓄率は低いであろう。だから、分配関係を成長率の規定要因として考慮しなければならない。また投資が行なわれるとしても、その投資が可能となるような追加的生産要素がその社会にあるかどうかは分からない。もしそのような供給構造が形成されていなければ、追加投資は生産財の価格上昇に吸収されてしまうかもしれないのである。さらに資本主義社会では、社会全体の貯蓄額と投資額とが一致するという保証はない。投資額＞貯蓄額ならば需要超過になり、その逆に、投資額＜貯蓄額ならば需要不足で不況になるかもしれない。このように資本主義のもとでの成長は、不均衡や不安定を特徴としているのである。

日本経済のマクロ的不均衡

　日本経済には不均衡や不均等発展によって諸問題が生じている。ここでは国民所得論の立場から、日本経済のマクロ的不均衡を説明しておこう。単純化すると、分配国民所得＝消費＋貯蓄＋租税に分かれ、支出国民所得＝消費＋投資＋政府支出＋貿易収支の黒字に分かれる。この両者は等しいから、消費＋貯蓄＋租税＝消費＋投資＋政府支出＋貿易収支の黒字となる。また消費は両辺で等しいから、（貯蓄－投資）＋（租税－政府支出）＝貿易収支の黒字ということになる。このようなマクロ的連関から次のことがいえる。投資額が貯蓄額を下回り、政府支出が租税収入を下回るならば、貿易収支の黒字

第16章　国民所得はどのように使われるのか

額が増大せざるをえないということである。しかし、わが国の政府財政は赤字であり、政府支出は租税収入を大幅に超過している。それにもかかわらず、貿易収支の黒字が継続しているのは、民間の投資が低迷し貯蓄額を大幅に下回っているからである。したがって民間の投資が回復しないかぎり、貿易不均衡や政府財政の赤字は解消しえない状況にあるといえるのである。

第17章

デフレ不況をどう克服するか

　第1章で述べたように、90年代の日本はデフレ不況の長期化からなかなか脱却できず、国際的に問題視されるにいたった。国内経済の不況が内需を停滞させ、貿易の不均衡を拡大させており、それが国際通貨ドルの価値暴落の危険性を高めているとされるのである。資本主義はこれまでの社会にはない経済成長を可能にしたのだが、繰り返し恐慌や不況に見舞われてきた。かつての激烈な形での恐慌はしばらく生じていないけれども、不況の長期化は深刻なものとなっている。なぜ資本主義はこのような景気変動を伴うのだろうか。繁栄が約束されたかに見えてもいつまでも続かず、必ず深刻な不況が訪れる。どうしてそうなるのだろうか。また90年代の日本のデフレ不況が長期化した本当の要因は何であり、どうすればデフレ不況から脱却できるのであろうか。この最後の章では、このような問題を考えることにしよう。

拡大再生産の社会的条件

　資本主義経済では総供給と総需要との社会的均衡が成り立たなければならないが、市場における「神の見えざる手」の作用がこのような均衡を事後的に達成することになる。しかし現実の資本主義は、単純再生産＝経済成長ゼロに留まるわけにはいかない。なぜなら、

経済が成長しなければ生活水準は向上しないし、増加する人口を養うことはできないからである。資本主義企業は利潤の最大化を目指して競争している。利潤を増大するには生産規模を拡大し、より大きな市場シェアを獲得しなければならない。「生産のための生産」、「蓄積のための蓄積」が資本主義の根本原理であり、「消費のための生産」や「余暇のための蓄積」は考慮されてはならないのである。したがって生産された付加価値はすべて消費に回すのではなく、なるべく大きな部分を資本蓄積しなければならない。付加価値はv+mであるが、資本蓄積を行なうためには剰余価値部分mはmk+ma=mk+mc+mvに分化しなければならない。このmkは資本家の消費分、maは資本の蓄積分であり、mcは追加生産手段への新規投資、mvは追加労働者への投資を意味する。

このような拡大再生産＝経済成長プラスのばあいの総供給と総需要との関係を、記号を使って表わすと次のようになる。

Ⅰ(c+v+m)＝Ⅰ(c+mc)＋Ⅱ(c+mc)
Ⅱ(c+v+m)＝Ⅰ(v+mk+mv)＋Ⅱ(v+mk+mv)

この式の左辺は生産財の生産部門Ⅰと消費財の生産部門Ⅱの供給を表わし、右辺は投資需要と消費需要の総額を表わしている。経済が成長するためには、このような需要と供給の社会的連関が形成されていなければならないのである。生産力が高まって生産方法が技術的に複雑化すればするほど資本の有機的構成が高まるので、生産財生産部門Ⅰは消費財生産部門Ⅱよりも相対的に増大しなければならない。生産財部門と消費財部門との比率をホフマン比率と呼ぶが、現在の日本では3：1程度の比率になっていると見られる。この比率が高い国ほど生産力が高く、経済成長の物質的可能性が高いといえる。

この式の両辺から共通項を差し引くと、Ⅰ(v+mk+mv)＝Ⅱ(c+mc)が残る。これが拡大再生産＝経済成長が行なわれるための産業構造における基本的条件なのである。

この式は次のように、変形できる。

Ⅰ(v+m) − Ⅱc = Ⅰmc + Ⅱmc

　この式の左辺は追加生産手段の供給額を表わし、右辺は生産財部門と消費財部門の投資需要を表わしている。このように部門Ⅰが部門Ⅱよりも相対的に増大した産業部門の連関が形成されることが、拡大投資が可能になる条件をなしている。機械や原材料などの追加生産手段の大きさが、拡大投資の規模を制約するのである。要するに、拡大再生産＝経済成長が行なわれるためには、追加生産手段の供給額と新規の投資需要額とが均衡しなければならない、ということである。しかし資本主義経済は市場経済であり計画経済ではないので、たえざる不均衡をとおしてしかこのようなバランスを達成できないといえる。

景気変動の基本的要因

　経済成長はつねに順調に進行するというわけではなく、資本の成長過程は景気変動を伴っている。景気がいいとか悪いとかいわれるけれども、景気は何によって規定されるのだろうか。追加生産手段の供給額／新規の投資需要額＝B（バランス係数）とすると、このバランス係数は供給構造と需要構造との社会的関連を示していることになる。このバランス係数を見ることにより、経済成長は次の三つの景気局面に区別される。

　(1) $B = 1$ ならば、追加生産手段の供給と新規投資需要とが均衡しており、経済成長が均衡的に行なわれる。景気が堅調であれば、企業家は新規投資を増大させるだろう。

　(2) $B < 1$ ならば、新規投資需要が追加生産手段の供給を超過しており、生産財価格が上昇する。原材料や機械などの生産財が国内で自給できなければ、輸入が増加するかもしれない。投資の拡大に伴って労働者の雇用が増え、消費需要も増大するであろう。消費の増

大がさらに生産拡大を刺激するだろう。生産拡大の見込みにより生産財部門は消費財部門よりも不均等に発展する。これは好況局面といえる。

(3) B＞1ならば、新規投資需要が追加生産手段の供給を下回っており、需要が低下するので生産財価格が低下する。生産財の過剰を国内需要で吸収できなければ、輸出ドライブがかかるであろう。これが経済の不況局面である。このように追加生産手段にたいする需給関係を見ることで、景気循環[注20]の諸局面を区別することができるのである。

　社会の供給構造と需要構造には密接なマクロ的関連があるのだが、個々の経済主体（消費者や企業家）はそのような社会的関連を意識せずに行動している。新規投資をいつどれくらい行なうかは、それぞれの資本家の期待利潤率の予測にもとづいて行なわれる。だが資本蓄積の進展とともに、期待利潤率を低下させる諸要因が生み出される。次のような、景気拡大に反作用する諸要因が景気の好況期に累積するのである。

(1) 資本主義経済の目的は価値増殖＝利潤の最大化であるから労働者の消費水準は抑制されざるをえない。消費の増大は市場の拡大につながるが、剰余価値の生産条件は労働者の消費を必要労働部分に維持することであり、それゆえ消費水準は利潤を減少させない程度に制限される。消費需要の制限が生産力の発展の制約要因になる。

(2) 資本主義企業間の競争によって剰余価値のうちより多くの部分が資本蓄積に回されるが、それにより生産部門間の不均衡や不均等発展が促進される。経済が正常に循環するためには社会的バランスが必要なのだが、利潤期待の思惑的増大が企業の投資競争を促し、過剰生産力を生み出す。それによって利潤期待は減退し投資需要が減少するのである。

(3) 資本主義では社会階層間の所得分配には格差があり、消費性向の高い労働者よりも貯蓄性向の高い富裕階層に有利な分配が行なわ

れている。資本所得のほうが勤労所得よりも税制上も優遇されている。もちろん富裕階層や中間階層による奢侈的消費も増大するが、それ以上に利子所得を求める過大な貨幣貯蓄が行なわれるのである。

　労働者の消費制限、生産部門の不均等発展、富裕層による貯蓄の増大、これらによって消費需要や投資需要の増大は制限されざるをえない。生産水準は有効需要の大きさに規定されるといわれるが、資本主義のシステムそれ自体の発展が有効需要の増大を制約するのである。このようにして、資本蓄積の進展のなかで企業家の利潤期待がさまざまな理由から過度に悲観的になるならば、投資行動が控えられ、全般的な過剰生産が生じ、不況に陥らざるをえなくなるのである。

貿易黒字とドル債権の累積

　これまでは、資本主義経済がなぜ順調な成長過程をたどることができず、不況に陥らざるをえないかを説明してきた。しかし、90年代における日本のデフレ不況には、一般的な景気変動要因では説明できない構造的な問題がある、といわねばならない。

　現在でも日本は、1000億ドルを超える貿易黒字を稼ぎ出している。これ自体は日本にとってよいことであるが、黒字を稼いでいることと企業が利益を上げることとはイコールではない。利益が少なくて売上高が多いということもありえるのである。国内市場が飽和しているならば、財政赤字で公共投資を行なうか、無理をしてでも外国市場で製品を売らなければならない。日本の製造業の物的労働生産性は高いけれども、付加価値生産性はきわめて低い水準にある。前章で見たように、（貯蓄－投資）＋（租税収入－政府支出）＝貿易収支という関係が成り立つのであり、貯蓄超過の状態では（言い換えるなら国内での投資が低水準ならば）貿易黒字が増大せざるをえないのである。輸出で稼いだ貿易収支の黒字は国内で投資されなければ、外

国へ投資されなければならない。こうして外国への直接投資や証券投資が増大しているが、それに相当する国内での財貨やサービスにたいする有効需要が減少していると、とらえなければならない。これがデフレの基本的要因となるのである。

　90年代の日本はデフレ不況の長期化に苦しんでいるが、デフレとはお金が市場にうまく回らなくなって起こる現象といえる。もし貿易黒字で稼いだお金が国内に還流するならば、新たな生産のために原材料や労働力の購入に支出されるだろう。それによって経済活動が刺激されることになる。だが、外貨を円に交換するならばいっそうの円高を推し進めることになり、自動車やエレクトロニクス産業などの輸出産業に打撃を与えることになる。そのためドルは海外でそのまま再投資されており、日本企業は稼いだドルを海外での工場の拡張や販売網の強化、株式や不動産に投資しているのである。また企業がドルを銀行で円に換えても、今度はドルを保有した銀行や保険会社がドル債券を購入しドルをアメリカに還流させている。日本は貿易黒字でドルを稼ぎながら、そのお金をアメリカで運用し、アメリカの膨大な財政と経常収支の「双子の赤字」を補填する役割を果たしている。アメリカの財政赤字は昨年約4000億ドルに達し、この間約6700億ドルの国債を発行した。その最大の購入者は日本であり、昨年1年で20兆円を超える円売り介入で手に入れたドルを米国債の購入に当てている。ドルの還流はアメリカの長期金利を低位に安定させるとともに、大幅減税を支え消費需要を増大させている。アメリカ経済の「強さ」は、借金による過剰な消費に依存しているのである。しかし借金増大による赤字を背景としてドルが売られ、それがドル安円高を生み出している。日本は世界最大の債権国になっているが、その多くをドル債権として保有しており、ドル安により資産価値を減らしているのである。このように90年代のアメリカの繁栄と日本のデフレとは表裏一体の関係にあり、日本のドルの還流政策がアメリカの繁栄を支える構造になっているのである。日本

からの資本流入がなければ、アメリカの財政は破綻していたかもしれないし、ドルが暴落していたかもしれないのである。このように日本のデフレ不況は、産業競争力が低下しているから生じているのではなく、アメリカへの政治的・経済的依存関係により生み出されているのである。

デフレを克服する構造転換

では、われわれはどうすればよいのだろうか。いっそうの規制緩和、産業競争力の強化、高コスト体質の改善、金融の量的緩和政策、インフレーションへの誘導などが、政府、財界、エコノミストから主張されている。これらにもある程度の有効性はあるだろうが、けれどもまた同様な、デフレや経済危機が生み出されるのではないだろうか。

戦後日本の経済成長は、企業の設備投資と輸出とを二つのエンジンとして達成された。国民にたいしては勤勉と節約を奨励し、貯蓄による余剰資金を企業の設備投資に回し、生産能力を増強させるとともに、国内市場で捌ききれない製品は輸出に回して外貨を稼ぐことが国是とされたのである。そうすることで日本は世界一の対外純債権国になったのだが、その結果が長期のデフレ不況であり、厳しいリストラクチャリングをもたらしているのである。貿易黒字による対外純債権の累積額は、裏を返せば、ちょうどその分だけ国内市場から有効需要が漏出していることになる。国内で有効にお金を使えないならば、デフレから逃れるのは難しいだろう。どうすればこのジレンマから逃れられるのか。そのためには、お金の流れを変えなければならないのである。第一に、過剰貯蓄をもたらす不平等な所得分配の構造を変えて消費性向を高める必要がある。そして第二に、日本国内で利潤機会をもたらすような新規産業が生み出されなければならない。だがそれは特別なことではなく、われわれの身近

にあるというべきだろう。われわれの生活環境はまったく不十分で危険と隣り合わせであるし、高齢化社会に対応した住環境や医療・福祉制度も未整備のままである。若者たちにも将来に備えた教養や教育訓練の機会が十分に与えられてはいない。だから、人間が安心して暮らせる社会的条件を整えるためにお金を回せるような、経済システムに日本経済を転換させなければならないのである。

　いまの時代だからこそ、人間の実質的な需要に見合った生産活動が必要だろう。人間や社会にとり本当に必要とされるものは何かを考え、そのために生産資源を振り向けるのである。資本主義の発展のなかで十分な生産力が形成されているのだから、それを人間の必要を満たすように有効に使い、資源の無駄づかいをしないことが求められているのである。必要なものを必要なだけ生産するようになれば、労働時間が短縮され、自由時間が増大し、人間性が豊かになり、新しい需要が創出される。資本の価値増殖が最大の経済的動機であるかぎり、「生産のための生産」「蓄積のための蓄積」が行なわれ、デフレ不況が繰り返される。上記で述べたように、貿易黒字で稼いだお金を価値の低下するドル債権として際限なく蓄積してゆくことが、日本のデフレ＝有効需要の漏出をもたらしているのである。このような対米依存型の経済構造を、生活者本位のシステムに転換することがデフレ不況から脱却する道となるだろう。

経済学を学ぶ参考文献

　はじめて経済学を学ぶための参考文献を紹介する。選んだ基準は三点あって、説明が分かりやすいこと、文庫版や新書版で値段が安価であること、および書店ですぐに手に入ることである。一部例外があるが、これは許してもらいたい。分野は経済学の入門書、日本経済の現状が分かるもの、経済学の古典に分けている。このなかから二、三冊を読んでみると、経済学の世界の広がりが身近なものになるはずである。また経済情報は新聞や雑誌に詳しく述べられているので、事実とつき合わせて考える習慣を身につけて欲しい。

＜経済学の入門書＞
1　水田 洋『アダム・スミス』講談社学術文庫
2　J.ヒックス『経済史の理論』講談社学術文庫
3　間宮陽介『市場社会の思想史』中公新書
4　宇野弘蔵『資本論入門』講談社学術文庫
5　岩井克人『資本主義を語る』ちくま学芸文庫
6　岩井克人『貨幣論』ちくま学芸文庫
7　伊東光晴『ケインズ』岩波新書
8　正村公宏『経済学の学び方』講談社学術文庫
9　岩田規久男『経済学を学ぶ』ちくま新書
10　中谷 巌『痛快! 経済学』集英社文庫
11　小塩隆士『高校生のための経済学入門』ちくま新書
12　R.ハイルブローナー『入門経済思想史』ちくま学芸文庫
13　R.ハイルブローナー『二十一世紀の資本主義』ダイヤモンド社

＜日本経済の現状＞

1　奥村 宏『法人資本主義』朝日文庫
2　橋本寿朗『戦後の日本経済』岩波新書
3　宮本光晴『変貌する日本資本主義』ちくま新書
4　鈴木直次『アメリカ産業社会の盛衰』岩波新書
5　内橋克人『もうひとつの日本は可能だ』光文社
6　三國陽夫、R.T.マーフィー『円デフレ』東洋経済新報社

＜経済学の古典＞

1　J.ロック『市民政府論』岩波文庫
2　A.スミス『諸国民の富』岩波文庫、中公文庫
3　K.マルクス『資本論』岩波文庫、国民文庫、新日本新書
4　K.メンガー『国民経済学原理』日本経済評論社
5　J.シュムペーター『経済発展の理論』岩波文庫
6　R.コース『市場・企業・法』東洋経済新報社

基本用語の解説

注1　プラザ合意　Plaza accord

　1985年9月22日、ニューヨークのプラザ・ホテルで開催された先進5カ国蔵相・中央銀行総裁会議におけるドル高是正のための合意。80年代前半のドル独歩高はアメリカの高金利政策によるが、先進諸国間の不均衡を是正することを目的として為替相場が大幅に調整された。ドルにたいして円は31%、マルクは17.8%上昇したが、それによって不均衡は是正されなかった。

注2　リストラクチャリング（リストラ）　restructuring

　企業が産業のライフサイクルを超えて成長を続けるために、新規事業を開発したり既存事業を見直すことによって、事業の重点分野を成熟分野から成長分野にシフトさせることで、事業構造を転換すること。このような転換には、資源配分の方法や組織の構造や文化の変革も必要とされる。だが、そのためには大幅な雇用調整を伴っている。

注3　デフレーション（デフレ）　deflation

　供給にたいして有効需要が不足するために生じる一般的な物価水準の低下現象。デフレと同時に生産物が売れなくなるから、生産は低下し雇用も減少する。このようなデフレは景気後退や不況と結びついている。これにたいして、特定部門の財貨やサービスの価格上昇だけではなく、一般的な物価水準の継続的上昇をインフレーションという。

注4　有効需要政策　effective demand policy

　社会の雇用量が有効需要の大きさに規定されるとすれば、非自発的失業は有効需要が完全雇用水準を下回っていることから発生する。したが

って雇用水準の増大を図るためには、財政・金融政策によって有効需要を喚起しなければならない。このような政策を有効需要政策と呼ぶが、そのために資源配分の不均衡や資源の社会的浪費、財政赤字の増大という問題を生じさせている。

注5 　A.スミス　Smith, Adam（1723-90）

　イギリスの古典派経済学者。主著『諸国民の富』において国富の増大を図ることこそが経済学の課題であるとし、その方策として分業の拡大を重視した。分業の展開をもっとも促進するのが人々の利己心の自由な発揮であり、それを社会的調和に導くのが「神の見えざる手」であるとした。スミスの自由放任と予定調和という楽観論の背景には、産業革命の緒についたイギリス経済の順調な発展があった。

注6 　労働価値説　labor theory of value

　商品の価値はその商品を生産するために必要とされる労働によって規定されるのであり、このような観点から経済システム全体を関連づけて説明する学説。イギリスのW.ペティに始まる古典派経済学によって樹立された、経済構造を人間の産出行為から分析する視点といえる。A.スミス、D.リカードによって体系化されるとともに、K.マルクスによってより精緻に批判的・体系的に展開された。

注7 　使用価値と交換価値　use-value, exchange-value

　商品はさまざまな人間の欲望を満たす労働生産物であるが、その有用性、または有用性を持つものを使用価値という。これにたいして交換価値とは、ある種類の使用価値がほかの種類の使用価値と交換されるさいの交換比率をいう。より多くの量の使用価値と交換される商品は、交換価値が大きいことになる。労働価値説では、商品の交換価値はそれに含まれる価値量、すなわちその商品の生産に必要な労働量によって規定されると考えている。

注8　限界効用　marginal utility

　　ある財貨の消費量を1単位増加したときに、これに伴って増加する人間にとっての効用の大きさ。ふつうは財貨の消費量の増加に伴って人間の欲求が満たされるので、財貨の限界効用は逓減すると考えられている。限界効用がゼロになる点を飽和点と呼ぶ。このような限界効用の原理を経済システムの説明ツールとして適用した近代経済学の体系を限界効用学派という。

注9　市場メカニズム　market mechanism

　　価格メカニズムとほぼ同義に使われており、価格が複雑な資源配分の機能を果たすことをいう。たとえば、ある財貨が不足すれば価格が上昇する。価格が上がれば供給が増加し、需要は減少するので、需給の不均衡は解消されることになる。財貨やサービスの過不足は価格変動をとおしてうまく解決されるはずである。しかし現実の経済関係は複雑であり、価格メカニズムですべての資源配分の問題が解決されるわけではない。市場に任せればほとんどの経済問題が解決されるという考え方を、市場原理主義という。

注10　収穫逓減の法則　law of diminishing returns

　　財貨の生産に投下される生産要素の組み合わせにはいろいろなケースがありうる。ある特定の生産要素（たとえば労働）を除いて、ほかのあらゆる生産要素の投入量を一定としておいて、特定の生産要素の投入量を追加的に等量ずつ増加させてゆくとき、追加的にえられる生産物量が次第に減少することを収穫逓減と呼ぶ。これにたいして、上記と同じ条件のもとで生産物量が増加するばあいを収穫逓増、また生産物量が変わらないばあいを収穫不変という。

注11　J.M.ケインズ　Keynes, John Maynard（1883-1946）

　　イギリスの経済学者。限界効用原理にもとづくミクロ経済学とともに、近代経済学を二分するマクロ経済学の創始者・大成者である。主著『雇

用・利子および貨幣の一般理論』(1936)によって、国民所得分析という新しい経済分析手法だけではなく、それまでの新古典派経済学で信じられていた市場経済の予定調和論を覆し、経済過程への積極的な政府介入を正当化する経済学説を展開した。

注12　剰余価値説　theory of surplus-value

資本が価値増殖(金儲け)できるのは、市場で商品として購買された労働力が生産過程で新たな価値を生み出し、自分の価値以上の剰余価値を生み出すことにある、とする学説。生産過程で支出された労働は、労働者の生活を賄うのに必要な必要労働とそれを超える剰余労働とからなり、この剰余労働が剰余価値を生み出すのである。利潤、利子、配当、地代などの所得はすべて剰余価値を源泉としている。

注13　K.マルクス　Marx, Karl Heinrich (1818-83)

ドイツの経済学者、哲学者。唯物史観、唯物弁証法にもとづいて資本主義の経済的運動法則を解明した。彼の思想は、マルクス主義として20世紀の社会科学のさまざまな分野に大きな潮流を形成した。彼の主著は『資本論』であり、労働価値説にもとづいて、商品経済の基本的範疇である商品・価値・価格・貨幣から、資本主義システムの基本的構成要素をなす資本・剰余価値・賃労働・資本蓄積・利潤へと分析が進められている。また資本主義とは、生産力発展の一定の段階で成立した歴史的社会であり、けっして人類社会の最終到達点ではないことを論証している。

注14　R.コース　Coase, Ronald Harry (1910-)

イギリス生まれの経済学者、シカゴ大学名誉教授。1991年にノーベル経済学賞を受賞する。寡作であるが、市場取引における取引コストの存在に注目して、企業の理論、社会的費用の理論、および「法と経済」の学際的領域で比較制度論の基礎となる論文を発表した。市場では取引費用がかかることにより、企業が発生するという企業本質論や、外部不経済が存在するばあい、どちらの当事者が相手に補償しても同じ経済効率

が達成されるという、「コースの定理」がよく知られている。

注15　テイラー・システム　Taylor system
　　テイラー（F.W.Taylor）が提唱した工場管理の制度。労働者の課業の科学的な設定と、それを実施するための差別出来高給制度、計画部門の設置、機能別職長制度、および指導票制度などの個別の運営制度から構成される。その本質は課業管理にある。テイラーは科学的管理法を導入することで生産現場の効率が向上し、雇い主には安い労務費負担、労働者には高い賃銀支払いが同時に実現できるとした。

注16　かんばん方式　Kanban system
　　在庫圧縮による経営効率の改善を図るために、トヨタ自動車が開発した独自の生産管理方式。具体的には、生産工程の後工程で部品がなくなりそうになると、部品名・納入数量・納入時期などを記載した作業指図票（かんばん）を前工程に送り、使用した分だけ部品を補給するというシステムをいう。しかし頻繁な配送による交通渋滞や、部品供給業者による在庫負担という問題も指摘されている。

注17　D.リカード　Ricardo, David（1772-1823）
　　イギリスの古典派経済学者。投下労働価値説を基礎にして、資本家、労働者、地主の三大階級への利潤、賃銀、地代の分配原理を明らかにするとともに、資本蓄積に伴ってそれぞれの階級への分配がどのように変化するかを解明した。また国際分業が行なわれる原理として比較生産費説を展開した。さらに、機械論において労働が機械に代替されることによって失業が生じることを論証した。

注18　重商主義　Mercantilism
　　マニュファクチュア期の産業資本の利害に従って、資本の本源的蓄積を促進するために行なわれた経済政策のことであり、市民革命後のイギリスに典型的に現れたとされる。具体的には、貿易差額の黒字を最大化

しようとする保護貿易政策や、定住法などに見られる近代的な賃労働者を陶冶するための政策を指している。

注19　経済成長　economic growth

時間の経過による経済の量的規模の拡大を総称するものである。とくに国民所得、資本ストック、国内総生産（GDP）などの成長を指している。しかし、ふつう経済成長率というばあいには、実質国民所得、または実質国内総生産の年間成長率を意味している。第二次世界大戦後、先進国や開発途上国を問わず経済成長が政府の最大の政策目標となったが、それはGDPが物質的豊かさの指標とされたからである。

注20　景気循環　business cycle

景気とは、経済の生産量、売上高、在庫、価格水準、利潤、および雇用などの多くの分野にわたって、同じように上昇したり下降したりする状況を意味する。資本主義経済では、経済活動の水準が周期的に上下に変動することが経験的に知られているが、この変動には一定の規則性が見られるので景気循環と呼ばれるのである。K.マルクスは資本主義の矛盾が深刻な不況や景気変動をもたらすと見ていた。

（注）基本用語の解説にあたって、有斐閣『経済辞典』、岩波小辞典『経済学』を参照した。

【著者略歴】

名和　隆央（なわ　たかお）
1952年大分県生まれ。
立教大学大学院経済学研究科
博士課程後期課程修了。
現在、立教大学経済学部教授。
＜主要論文＞
「日本型産業組織の効率性について」
　『立教経済学研究』50巻1号、1996年。
「比較経済組織論の有効性」
　『立教経済学研究』55巻2号、2001年。
「製品開発におけるサプライヤーの役割」
　『立教経済学研究』57巻4号、2004年。
＜研究領域＞
日本型産業組織の構造的特徴について、マルクス経済学と新制度派経済学との対話可能性という視点から、理論的実証的研究を進めている。そのほか、技術論や再生産論についての理論的論文があり、小著のなかのそれぞれの部分にその成果が反映されている。

JPCA 日本出版著作権協会
http://www.e-jpca.com/

＊本書は日本出版著作権協会（JPCA）が委託管理する著作物です。
　本書の無断複写などは著作権法上での例外を除き禁じられています。複写（コピー）・複製、その他著作物の利用については事前に日本出版著作権協会　（電話03-3812-9424、e-mail:info@e-jpca.com）の許諾を得てください。

経済学入門コース
―経済の不思議に答える―

2004年3月20日　初版第1刷発行	定価1900円＋税
2005年3月28日　初版第2刷発行	
2008年3月31日　初版第3刷発行	
2014年2月20日　初版第4刷発行	

著　者　名和隆央
発行者　高須次郎
発行所　緑風出版
　　　〒113-0033　東京都文京区本郷2-17-5　ツイン壱岐坂
　　　〔電話〕03-3812-9420　〔FAX〕03-3812-7262　〔郵便振替〕00100-9-30776
　　　〔E-mail〕info@ryokufu.com
　　　〔URL〕http://www.ryokufu.com/

装　幀　堀内朝彦
組　版　R企画　　　　印　刷　シナノ・巣鴨美術印刷
製　本　シナノ　　　　用　紙　シナノ・大宝紙業　　　　E1000（TE3500）

落丁・乱丁はお取り替えいたします。
本書の無断複写（コピー）は著作権法上の例外を除き禁じられています。なお、お問い合わせは小社編集部までお願いいたします。

Takao NAWA© Printed in Japan　　ISBN978-4-8461-0402-8　C0033

新・水俣まんだら
チッソ水俣病関西訴訟の患者たち
木野茂・山中由紀共著

四六判上製
三七六頁
2800円

現代産業社会の中で労働の解放はどのように構想されうるのか？ マルクスの労働論からイリイッチ、ハーバーマスら現代思想に至る労働観を総括し、労働する人間の自律と解放を考える、フランス現代思想家の注目の書。

狂牛病
イギリスにおける歴史
リチャード・W・レーシー著/渕脇耕一訳

四六判上製
三三二頁
2200円

牛海綿状脳症という狂牛病の流行によって全英の牛に大被害がもたらされ、また、人間にも感染することがわかり、人々を驚愕させた。本書は、まったく治療法のないこの狂牛病をわかりやすく、詳しく解説した話題の書！

終りなき狂牛病
フランスからの警鐘
エリック・ローラン著/門脇 仁訳

四六判上製
二四八頁
2200円

英国から欧州大陸へと上陸した狂牛病。仏政府は安全宣言を繰り返すが、狂牛病は拡大する。欧州と殺場での感染、土壌汚染からの感染、血液感染、母子感染など種の壁を超え、エイズを上回る狂牛病の恐怖を暴いた書。

杉並病公害
川名英之・伊藤茂孝著

四六判上製
三三〇頁
2500円

閑静な住宅街・東京杉並区のど真ん中に都の不燃ごみ圧縮施設「杉並中継所」が稼働した。直後から付近一帯で原因不明の呼吸困難、頭痛など被害が多発、死亡者まで出た。だが都は施設を発生源と認めず、住民は闘いに立ち上がる。

ザ・ラスト・グレート・フォレスト
カナダ亜寒帯林と日本の多国籍企業
イアン・アークハート、ラリー・プラット著/黒田洋一、河村洋訳

四六判
四七二頁
4500円

カナダ北西部の世界最大・最後の亜寒帯林。この大森林に目を付けた日本企業は、大規模な森林伐採権を手に入れるが、先住民の抵抗にあう。カナダ深部で繰り広げられる地球最後の大森林をめぐる、知られざるたたかい。

◎緑風出版の本

■全国どの書店でもご購入いただけます。
■店頭にない場合は、なるべく書店を通じてご注文ください。
■表示価格には消費税が転嫁されます。

緑の政策事典

フランス緑の党著／真下俊樹訳

A5判並製
三〇四頁
2500円

開発と自然破壊、自動車・道路公害と都市環境、原発・エネルギー問題、失業と労働問題など高度工業化社会を乗り越える新たな政策を打ち出し、既成左翼と連立して政権についたフランス緑の党の最新の政策集。

誰のためのWTOか？

パブリック・シティズン／ロリー・M・ワラチ／ミッシェル・スフォーザ著、ラルフ・ネーダー監修、海外市民活動情報センター監訳

A5判並製
三三六頁
2800円

WTOは国際自由貿易のための世界基準と考えている人が少なくない。だが実際には米国の利益や多国籍企業のために利用され、厳しい環境基準等をもつ国の制度の改変を迫るなど弊害も多い。本書は現状と問題点を問う。

ウォーター・ウォーズ
水の私有化、汚染そして利益をめぐって

ヴァンダナ・シヴァ著　神尾賢二訳

四六判上製
二四八頁
2200円

水の私有化や水道の民営化に象徴される水戦争は、人々から水という共有財産を奪い、農業の破壊や貧困の拡大を招き、地域・民族紛争と戦争を誘発し、地球環境を破壊するものだ。水戦争を分析、水問題の解決の方向を提起する。

バイオパイラシー
グローバル化による生命と文化の略奪

ヴァンダナ・シバ著　松本丈二訳

四六判上製
二六四頁
2400円

グローバル化は、世界貿易機関を媒介に「特許獲得」という新しい武器を使って、発展途上国の生活を破壊し、生態系までも脅かしている。世界的な環境科学者・物理学者の著者による反グローバル化の思想。

◎緑風出版の本

国際労働問題叢書[1]
日本の労働組合
国際化時代の国際連帯活動
ヒュー・ウイリアムソン／戸塚秀夫監訳

A5判並製　445頁　4500円

日本の企業の海外進出、多国籍化が進む中で、日本の企業別労働組合、そして「連合」などのナショナルセンターは、国際的にどのような影響力を及ぼしつつあるのか？　英国の労働運動研究者がその動向と実態を分析する。

米国自動車工場の変貌
「ストレスによる管理」と労働者
マイク・パーカー／ジェイン・スローター編著／戸塚秀夫監訳

四六判上製　427頁　3800円

米国自動車産業の巻き返しがはじまった。その背景には、「ストレスによる管理」といわれる日本型生産管理の導入による厳しい労務管理の展開がある。本書は、米国労働者の日本型生産管理との闘いを実証的に分析した書。

ユニオン・バスター
米国労務コンサルタントの告白
マーティン・ジェイ・レビット、テリー・コンロウ著／渡辺勉、横山好夫訳

四六判上製　464頁　2500円

「労務屋」「争議ゴロ」といわれるアメリカのユニオン・バスターとして、夥しい数の組合潰しに関わってきた著者が、悪行の数々を労働組合のために告白した迫真のドキュメント。アメリカ労使関係の裏面史としても興味深い一冊。

プロブレムQ＆Aシリーズ
ひとりでも闘える労働組合読本【増補改訂版】
[リストラ・解雇・倒産の対抗戦法]
ミドルネット著

A5判変並製　244頁　1800円

大不況下、リストラ・解雇・倒産で失業者は増え続けるばかり。管理職を中心に中高年はそのターゲットだ。泣き寝入りはごめんだ。そんな時どうしたらいいのか？　ひとりでも会社とやり合うための60箇条。全面改定版。

■全国どの書店でもご購入いただけます。
■店頭にない場合は、なるべく書店を通じてご注文ください。
■表示価格には消費税が転嫁されます。